DELIUS KLASING

OLINE
68
PEPSI-COLA
FINA
MOTOR
OIL
Ferrari
Ferrari
ESSO

Ferdi Kräling

Formel 1

40 Jahre Faszination und Leidenschaft

Mit Texten von Elmar Brümmer

DELIUS KLASING VERLAG

Vorwort | Bernie Ecclestone

In der Formel 1 ist immer wieder der Satz zu hören: »Früher war alles viel besser!«

Die Fotos und Geschichten in diesem Buch verdeutlichen eine etwas differenziertere Wahrheit: Die alten Zeiten waren einfach anders!

Jene vier Jahrzehnte, in denen Ferdi die Formel 1 mit seiner Kamera beobachtet hat, belegen, dass die Formel 1 immer ein eigenes Erscheinungsbild hatte, stets mit verschiedenen Gesichtern, geprägt von Innovation, Faszination, aber auch von Emotion.

Es ist nicht einfach, in Fotografien zu verdeutlichen, dass Adrenalin der wahre Treibstoff des Rennsports und seiner Fahrer ist. Ferdi jedoch verstand es schon immer sehr eindrucksvoll, genau dies zu tun, indem er die Menschen und Maschinen aus sehr unterschiedlichen Perspektiven porträtierte. Wie ein roter Faden zieht sich diese Arbeitsweise durch das Buch. Die Magie der Formel 1 besteht darin, dass jeder eine andere Faszination an ihr und in ihr entdeckt und erlebt.

Der Motorsport ist immer ein Mannschaftssport, aber er lebt erst durch den Einzelnen – im Cockpit, in den Boxen und auf den Tribünen.

Mein alter Freund Ferdi hat ein sehr persönliches und einzigartiges historisches Buch zusammengestellt.

Dem Leser möchte ich nur einen Rat mit auf den Weg geben: Gehen Sie bei dieser Zeitreise vom Gaspedal herunter. Ansonsten – starten Sie durch!

Herzlichst
Bernie Ecclestone

Essay | Warum Senna, darum nicht Prost

Damit wir uns gleich richtig verstehen: Das beste Foto der Formel 1 gibt es nicht, so wie es auch den besten Fahrer nicht gibt. Genau das ist unser aller Geheimnis, dort im Herzen des Fahrerlagers, es ist unser eigentlicher Antrieb. Der Wille, der Beste zu sein, zeichnet jeden Sport aus. Aber die Formel 1 bringt alle und alles ans Limit. Alle zwei Wochen aufs Neue.

Mir war es immer egal, ob die Bremsen nun von links oder rechts angeströmt werden. Wichtiger waren mir andere Dinge: Das Licht, die Form, die Farbe, die Schnelligkeit – es reizt mich immer noch, Bewegung in den Bildern zu haben. Und Menschen, denn Bilder sollen bewegen und sichtbar werden lassen, was den Motorsport mit all seinen Emotionen so einzigartig macht.

Vieles hat sich in den 40 Jahren meiner Formel 1-Geschichte geändert. Fahrer, die praktisch nicht mehr greifbar sind, die sich wie ihre Teams hinter Spiegelfassaden verstecken. Die Vokabeln Freizeit, Ungezwungenheit und Feierabend sind – zumindest offiziell – gestrichen. Der ideale fotografische Winkel wird durch meterhohe Zäune immer stärker eingeschränkt. Windkanaldaten und unzählige Zusatzflügelchen bestimmen das Erscheinungsbild und den Erfolg der Boliden, für den früher in erster Linie die Kraft des Motors und das Können des Fahrers entscheidend waren.

Früher war nicht besser, Gott bewahre. Aber früher war auch in der Formel 1 vieles anders. Ich habe mir meine Faszination für diesen Sport, der ein Stück weit zu meinem Lebensinhalt geworden ist, erhalten. Und ich habe im – fairen – Vergleich der Formel von gestern und der von heute in den drastischen Kontrasten eine neue, zusätzliche Faszination entdeckt, die auch in diesem Buch zum Ausdruck kommt.

Mit großzügiger Freiheit durch den Verlag konnte ich aus dem Vollen schöpfen, und aus meiner persönlichen Sicht heraus auch die anderen Seiten der sprunghaften Entwicklung in der Formel 1 aufzeigen. Keine Tabellen, Statistiken und Rennanalysen sollen den Inhalt bestimmen, sondern Typen und Macher, Rennstrecken und Autos, die mir Spaß gemacht haben, und zu denen ich eine Nähe entwickeln konnte.

Wer streng statistikgläubig ist, der wird sich fragen, warum Ayrton Senna ein Porträt bekommt, ein Alain Prost aber nicht. Warum? Darum! Wer sein Leben lang die Dinge durch das Objektiv betrachtet, der möchte sich einmal auch ganz subjektiv den Objekten seiner Begierde nähern dürfen. Obwohl ich meine beobachtende Rolle immer ähnlich geschätzt habe, wie das der Mit-Autor Elmar Brümmer aus der Sicht des Schreibenden tut.

Dieses Buch soll ohne Pathos auskommen, es soll auch nicht oberlehrerhaft bewerten, die Bilder sprechen für sich. Sehr wohl aber sollen sie über ihren Charakter als Dokumente der sportlichen Zeitgeschichte hinaus zum Nachdenken anregen. Für mich ist diese – übrigens nicht einfach gewesene – Auswahl voll von Motiven, an denen man noch Jahre später hängen bleiben kann.

Es ist mein ganz persönlicher, präziser Blick hinter die Kulissen der Formel 1, der Entwicklungen und Hintergründe aufzeigen soll, ohne sie zur Schau zu stellen. Ich habe mich in Absprache mit dem Gestalter Jörg Weusthoff dazu entschlossen, nicht nachträglich Ausschnitte zu wählen, sondern die Originalmotive eins zu eins zu zeigen.

Mein Sohn Bodo wird das Unternehmen mit dem Siegel »copyright Bildagentur Kräling« weiterführen. Auch mir bleibt eine gewisse Zugehörigkeit erhalten. Anderthalb Millionen Bilder bekommt man ebenso wenig aus dem Kopf wie den Virus Motorsport, wenn er einen erst einmal erwischt hat.

Die Zeitreise geht weiter, denn die Bewegung in der Formel 1 hat kein endgültiges Ziel – aber immer wieder neue Anfänge.

Ferdi Kräling

FIA
WORLD

Namen sind Nachrichten: Fahrer, Team und Startnummer sind vor vier Jahrzehnten noch gut lesbar, und die Piloten müssen sich beim Großen Preis von Deutschland nicht darauf konzentrieren, beim Start die Knöpfchen in der richtigen Reihenfolge zu drücken – sie rücken in aller Seelenruhe die Schutzbrillen zurecht. Platz ist scheinbar genug: Vier Autos passen in die erste Startreihe.

1967 | 2001

Für alle Fälle: Nicht nur die Rennwagen, auch die Mechaniker stehen vor der Einführungsrunde in Silverstone Spalier.

1973 | 2005

Übersichtlich: Ein paar Nummern kleiner, aber trotzdem schon ganz ordentlich ist das alte Zentrum des Geschehens am Nürburgring.

Turmbau zu Bahrain: Die Entdeckung neuer Absatzmärkte im Nahen und Fernen Osten sorgen für eine neue Dimension in der Fahrerlagerarchitektur. Wahre Paläste entstehen nicht nur in der Wüste – ein in Beton gegossener Ausdruck davon, dass die Formel 1 vom reinen Sport zum wichtigen Wirtschaftsfaktor geworden ist.

Handgestrickt: Es ist nicht das inszenierte Rollenspiel von Mann und Frau, das an den Rennwochenenden zelebriert wird. Die Geschlechtertrennung funktioniert ganz natürlich, indem jeder seinen Interessen nachgehen kann. Ein Auto, ein Mechaniker, eine Betreuerin, für mehr ist beim Großen Preis von Italien auch kaum Platz.

Saal-Veranstaltung: Der Lebensraum der Rennwagen beansprucht immer mehr Platz, die Boxen in Portugal sind in die Breite gegangen.

My home is my castle: Den Häuslebau lernte Ron Dennis längst, bevor er die Ehe mit Mercedes einging. Werkstattgebäude und Fuhrpark kommen ganz ohne den Glanz der Traumfabrik aus – und besitzen echten Charme. Pardon, heute würde man sagen: Authentizität.

Silberschmiede: Paragon nennt sich das neue McLaren-Domizil im alten Woking, und nicht nur die Architektur ist vom Feinsten.

Was übrig bleibt vom Tag: Entsetzen kann sich nicht nur in den Gesichtern widerspiegeln, manchmal reicht ein Klumpen Metall. Das Wrack des Lotus 49B-Ford V8 von Jochen Rindt in Barcelona ist ein Dokument für die unsicheren Zeiten, die drei Viertel der Formel 1-Geschichte ausmachten.

1969 | 2005

Mauerblümchen: In der Steilkurve von Indianapolis zeigt sich, wie filigran und robust zugleich der Toyota von Ralf Schumacher ist.

OFF→ON
OIL
SMITHS

Lenkungs-Ausschuss: Drehzahlmesser, Speichenlenkrad und Schraubschlüssel – mehr braucht es für Jackie Stewart an seinem Arbeitsplatz beim Großen Preis von Holland nicht. Im digitalen Renn-Zeitalter finden viele Piloten ihren Frieden darin, in jeder Runde einen Krieg der Knöpfe zu führen.

1967 | 2007

Play-Station: In einem Flugzeug-Cockpit sieht es auch nicht sehr viel komplizierter aus als im BMW von Nick Heidfeld.

Direkt-Einspritzer: Beinahe gemütlich wirkt das Nachtanken beim Lotus-Team – dass der Sprit brennbar ist, scheint nur Nebensache. Bei Red Bull folgt auch die Tankprozedur einer streng einzuhaltenden Choreografie, die Mechaniker sind vermummt wie Raumfahrer.

Red Bull
Racing
C. KLIEN
RAUCH
Red Bull

Alte Herren: Ascari, Fangio, Farina und Villoresi gehen ihren Titelkampf an, als ob es ein Sonntagsspaziergang wäre. Ein gespieltes Lächeln ist das nicht – eher die Vorfreude auf die gemeinsame Herausforderung. Trotzdem ist sich jeder aus diesem Quartett auf der Piste selbst der Nächste.

1953 | 1986

Moderner Vierkampf: Die Anspannung steht Ayrton Senna, Alain Prost, Nigel Mansell und Nelson Piquet ins Gesicht geschrieben.

Jede Stimme zählt: Jim Clark gibt den fachkundigen Alleinunterhalter. In freier Rede erklärt er die Feinheiten einer Runde auf der Nordschleife.

Massen und Medien: Die Deutsch-Stunden von Michael Schumacher arten für die Reporter zum Nahkampf aus. Die Exklusivrechte zu haben, ist nur der erste Schritt. Wer einen Originalton haben will, braucht ein Durchsetzungsvermögen wie Schumi auf der Piste.

1965 | 1998

1974 | 2001

Die Stange gehalten: Wäre die Haarpracht nicht, könnte man von militärischer Disziplin bei der Startaufstellung sprechen. Mit der Züchtigkeit und der Kleiderordnung von heute ist es allerdings auch nicht weit her.

OMEGA
Chevron

Nah-Aufnahme: Tiefe Einblicke ins Geschehen sind auf der Rennstrecke von Zandvoort demjenigen möglich, der sich an den Scheitelpunkt der Kurve wagt. So wird die Lenkrad-Arbeit noch richtig plastisch – der Betrachter sitzt beinahe mit im Cockpit.

1971 | 2004

Weit-Blick: Die Einsamkeit von Bahrain ist eine wüste Angelegenheit, vor allem für die Lichtbildner.

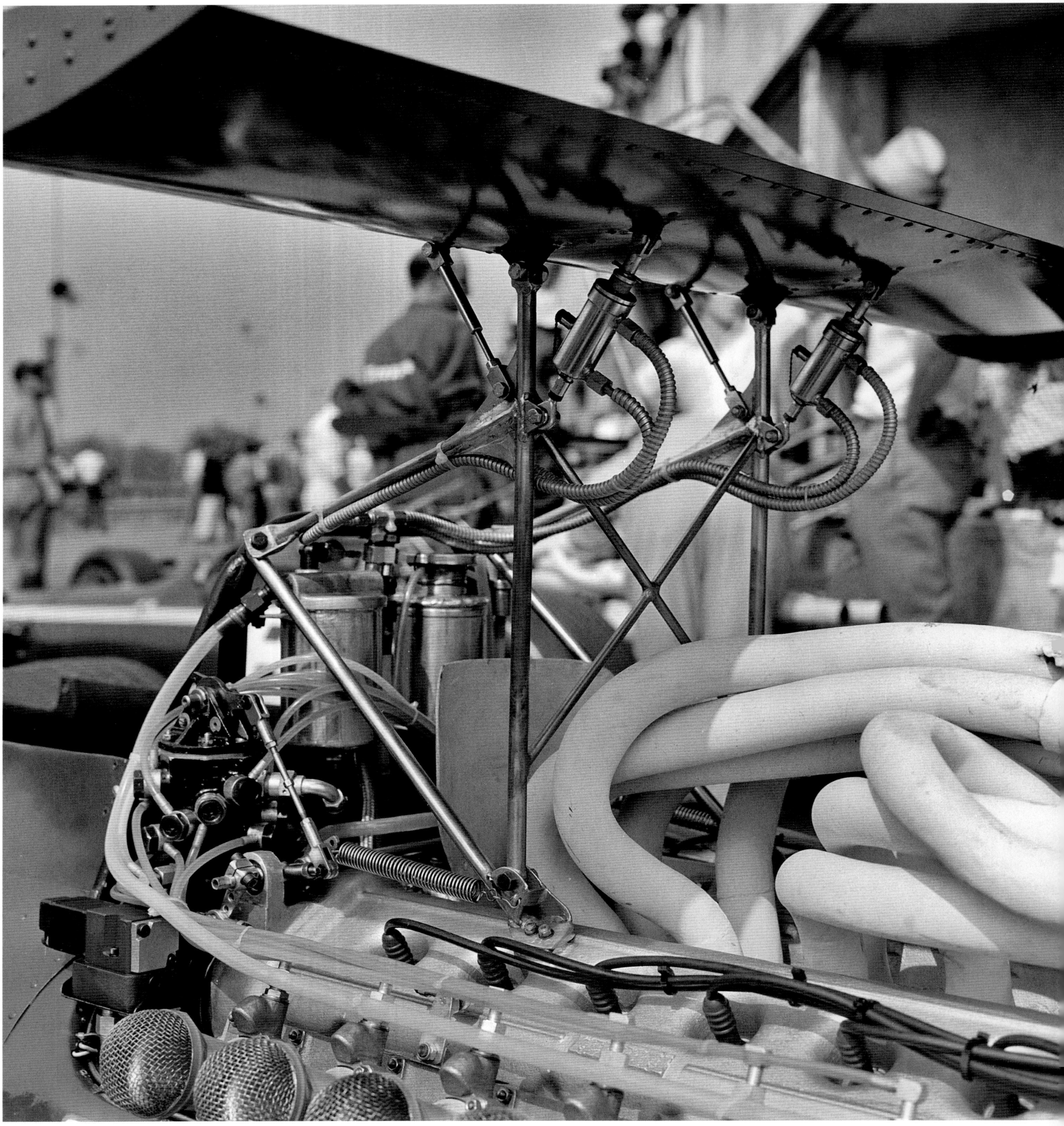

Abstrakte Ingenieurs-Kunst: Wie ein Kabelsalat hinterm Schreibtisch wirkt die Führung der Rohre beim Ferrari 312 V12. Das Flügelwerk mag provisorisch aussehen, gehorcht aber einem durchdachten System. Man muss sich nicht verstellen, um zu erkennen: Hier regiert die Liebe zur Technik.

1968 | 2007

Geflügel-Farm: Auf der Seitenverkleidung des ToroRosso werden aerodynamische Hilfsmittel aller Art gezüchtet.

Es sind immer die Typen, die den Charakter einer Sportart ausmachen. Daran hat es der Formel 1 noch nie gemangelt. Böse Zungen mögen von einem »Menschenzoo« sprechen. Aber sie haben in einer Hinsicht recht: Es sind Charaktere in allen Spielarten, die den Motorsport zum Laufen bringen. Die mehr oder weniger heimlichen Regenten der Königsklasse sind nicht die Fahrer, sondern die Macher in den Rennställen.

Typen-Frage: die Teams

Die Formel 1 ist ein Mannschaftssport, und anders als beim Fußball braucht es mehr als einen Präsidenten, einen Trainer und ein paar Betreuer, um ein Team im Rennen zu halten. Der Enthusiasmus der Männer am Kommandostand war schon immer ein ganz besonderer, schließlich bürgen die meisten nicht nur mit ihrem Namen, sondern vor allem auch mit ihrem Geld.

Die Unberechenbarkeit der Formel 1 führt manchmal schnurstracks in die Verzweiflung, manchmal zum Ruhm – Stimmungsschwankungen im Zwei-Wochen-Rhythmus. Um sein Ziel nicht aus den Augen zu verlieren, bedarf es dazu einerseits eines festen Plans, andererseits aber ist die Fähigkeit zur Improvisation unverzichtbar.

Hinter den Kulissen läuft das eigentliche Rennen ab, und es wäre vermessen zu behaupten, dass dabei stets die Regeln des Anstands eingehalten werden. Über das jahrzehntelange Miteinander und Gegeneinander sind ähnliche Fehden entstanden wie zwischen großen Fußballklubs. Wenn sich die Teamchefs an einen Tisch setzen, um über ein gemeinsames Reglement zu beraten, hat jeder im Hintergrund seinen eigenen Vorteil im Sinn. Das ist der eigentliche Sport in der Formel 1.

Trotzdem präsentieren sich die Herrschaften – nicht nur fürs Gruppenbild – auch als ein verschworener Haufen. Geeint werden sie durch die immer wieder aufs Neue extreme Herausforderung. Menschen und Maschinen unter ihrem Namen ans Limit zu bewegen. Sie müssen ebenso gute Geschäftsleute wie Motivationskünstler sein, sie müssen den technischen Sachverstand ebenso mitbringen wie strategische Ansätze. Sie sind, auch in friedlichen Zeiten, Feldherren hinter der Boxenmauer.

Es sind die Männer, denen dieser Sport alles zu verdanken hat. Die Talente unter Renneleven und jungen Ingenieuren entdecken, sie fördern, und sie am Ende wieder verlieren. Die für das Sekundenglück Haus und Hof riskieren, und deren Hemdsärmeligkeit den Glamour der Formel 1 erst möglich macht. Es sind die, die für den Motorsport leben – weil er ihr Leben ist. Das geht nur aus vollem Herzen.

Die Egozentrik, die der schnelle Aufstieg und das Risiko des ebenso schnellen Abstiegs mit sich bringen, möge man daher verzeihen. Dass die Macht des Geldes den Charakter verderben kann, ist natürlich auch im Fahrerlager zu besichtigen. Die Formel 1 kann nie besser sein als die Gesellschaft, sie ist ihr Spiegelbild. Und weil wir anfangs vom Menschenzoo philosophiert haben, braucht man es gar nicht zu verschweigen: Auch schwarze Schafe gehören dazu.

Flotte Siebziger – die Herrschaften, die das Geschehen der Teams bestimmen, in einem seltenen Gruppenbild von 1975: stehend von links: Jim Dilamarter (Vel's-Parnelli), Heinz Hofer (Team Penske), »Bubbles« Horsley (Hesketh), Ken Tyrrell (Tyrrell), Colin Chapman (Lotus), Frank Williams (Williams), Luca di Montezemolo (Ferrari), Graham Hill (Hill). Auf den Stufen dahinter: Bernard Ecclestone (Brabham), Alan Rees (Shadow), Teddy Mayer (McLaren), Vel Miletich (Vel's-Parnelli). Knieend: Ray Brimle (Hill), Max Mosley (March) und Peter Macintosh (Sekretär der Formula 1 Constructors Association).

Der Fantastische

Colin Chapman hat wie kein anderer die Formel geprägt – mehr als Techniker denn als Mensch

Zwei in einem Boot: Colin Chapman und Mario Andretti. Der US-Amerikaner holt 1978 den letzten Weltmeistertitel für Lotus. Im gleichen Jahr verunglückt Ronnie Peterson tödlich.

Goldene Zeiten: Die Lotus-Crew, finanziert von der Zigarettenmarke John Player Special, bejubelt die Zieldurchfahrt von Elio de Angelis und Keke Rosberg in Österreich.

Selten ist sich Ferdi Kräling so unsicher in seiner Charakterisierung eines Formel 1-Protagonisten, wie das bei Anthony Colin Bruce Chapman der Fall ist: »Genie, Fantast, Gentleman«, fällt ihm spontan zu dem eleganten Mann ein, der nicht nur einmal mit dem Filmschauspieler David Niven verwechselt worden ist. Drei Bezeichnungen, ein Mensch, und unendlich viele Gegensätze. In der Formel 1 muss das kein Widerspruch sein, und alle drei Einschätzungen sind im Alltagsgeschäft in den Rennfabriken und an den Wochenenden an der Rennstrecke nicht hinderlich.

Die Bandbreite der Persönlichkeit von Colin Chapman reicht noch weiter, als Visionär und loyaler Arbeitgeber war er von seinen Angestellten geschätzt, als Diktator und Pedant aber genauso gefürchtet. Eine mehrfach gespaltene Persönlichkeit, die durch einen beinahe unheimlichen Erfindergeist wieder zu einer wurde. Ohne die Ideen des Briten würde die Formel 1 heute anders aussehen – und zwar völlig.

Beflügelt von seinen Erfahrungen als Pilot bei der Royal Air Force war er von der Aerodynamik nicht nur beflügelt, er war besessen. In einem Stall hinter dem Hotel, in dem sein Vater Dienst tat, entstanden die ersten Rennwagen. Etwas anderes als Motorsport kam nicht infrage: Denn so schnell wie Chapman die Ideen kamen, so schnell wollte er sie auch umgesetzt haben. Das ist bis heute das hohe Prinzip aller Ingenieure, die sich in der Formel 1 tummeln. Aus den ersten Tuningversuchen mit einem Austin reiften alsbald die Eigenkonstruktionen, und der Weg über die Formel 2 führte 1958 schnurstracks zum Großen Preis von Monaco. Dass der Lotus 12 dort debütierte, entsprach durchaus dem Habitus Chapmans: Das Faible für Eleganz war bei ihm nicht zu übersehen.

Die Eitelkeit passte zu der Spielernatur, die er auch in sich trug. Es bereitete ihm ein diebisches Vergnügen, Freunde wie Feinde stets im Ungewissen zu lassen. Keiner konnte wissen, ob ihm im nächsten Moment ein neuer Geniestreich oder einer seiner gefürchteten Temperamentausbrüche in den Sinn kommen würde. Dazu gehört auch, dass er zeitlebens ein Geheimnis um die Herkunft des Markennamens Lotus machte. Legendenbildung, auch das passt: Mal wird beschworen, dass Chapman und seine Freunde nach dem kräftezehrenden Bau ihres ersten Rennwagens den beruhigenden Effekt einer Lotusblüte dringend brauchten; mal soll er vom Spitznamen »Lotusblüte« seine Freundin und spätere Frau Hazel abgeleitet worden sein. Blühende Fantasie – das war sein eigentliches Markenzeichen.

Weit-Blick: Colin Chapman steht die Konsequenz ins Gesicht geschrieben. Überlegenheit kommt von Überlegtheit.

Asphalt-Cowboys: Im Garten der Kyalami Ranch diskutieren Chapman und Peter Warr; Jacky Ickx, Ronnie und Babro Peterson relaxen, im Hintergrund naht Bernie Ecclestone.

An Freizeit ist nicht zu denken: Konstrukteur Chapman will immer allen den Weg weisen, auf der Rennstrecke ist sein mit Ford-Cosworth-Motoren ausgerüsteter Lotus 72 Ford V8 wirklich richtungsweisend, hier Jochen Rindt in Zandvoort.

Auch der erste Sieg für einen Lotus stellt sich im Fürstentum Monaco ein, als Stirling Moss 1960 die favorisierten Ferrari schlagen kann. Zu dieser Zeit hat Chapman seine Konstruktionen an alle Fahrer und Teams verkauft, die sie sich leisten wollen. Wichtiger ist aber der Große Preis der Vereinigten Staaten im Jahr darauf, als Innes Ireland den ersten Grand-Prix-Erfolg für das eigenständige Team Lotus einfährt. Jim Clark wird 1963 Weltmeister mit dem legendären Mittelmotor-Rennwagen Lotus 25. Noch einmal Clark (1965), Graham Hill (1968), Jochen Rindt (1970), Emerson Fittipaldi (1972) und Mario Andretti (1978) vervollständigen die Champions-Galerie. Bis 1994 soll sich die Marke in der Formel 1 halten, aber nach dem Tod Chapmans 1982 wird der Rennstall konsequent heruntergewirtschaftet. 1994 bleibt nur der Gang zum Konkursrichter.

Für ewig bleiben jedoch die Erfindungen Chapmans, mit denen er nicht bloß seine eigenen Rennwagen, sondern ganze Generationen von Fahrzeugen und Renningenieuren geprägt hat. Ein kleiner Auszug aus der Patentliste: 1963 geht Jim Clark erstmals mit einer Cockpitschale aus einem Stück ins Rennen, das Monocoque ist geboren. Damit reduzierte sich das Gesamtgewicht gegenüber den herkömmlichen Gitterrohrrahmen-Konstruktionen gewaltig. In den nächsten Jahren tüfteln Chapman und seine Mannen auf Schloss Ketteringham Hall daran, dem Motor eine mittragende Funktion in der Fahrzeugkonstruktion zu geben – das glückt 1967. Zu Beginn der 1970er-Jahre verabschiedet sich der Minimalist von den rundlichen Boliden, er lässt Rennwagen in Keilform Premiere feiern. Und sein Wing Car von 1978 perfektioniert durch einen besonderen Unterboden den Ansaugeffekt der Autos auf den Asphalt, der Lotus Typ 88 besitzt ein Doppel-Chassis. Kurz vor seinem Tod durch einen Herzinfarkt im Alter von nur 54 Jahren werkelte er an einem aktiven Fahrwerk – die Innovation hinterließ er als Vermächtnis. Ein technischer Überflieger im positivsten Sinn des Wortes.

Spätestens jetzt müssen seine Kritiker auf den Plan treten, die den Hang zum extremen Leichtbau als Ursache für das Verhängnis werten, das viele Lotus-Piloten mit dem Leben bezahlt hätten: Jim Clark, Jochen Rindt, Ronnie Peterson starben in seinen Rennwagen – aber in keinem Fall lässt sich ein definitiver Rückschluss auf einen Konstruktionsfehler ziehen. Nicht nur die Rennwagen sind zerbrechlich, auch das Glück ist es. Und trotzdem muss er mit dem Vorurteil leben. Wie sehr ihn vor allem der Tod von Clark, seinem vielleicht einzig wirklichen Freund unter den Fahrern, mitgenommen hat, gesteht er öffentlich nie ein. Aber die permanenten Magengeschwüre, die ihn so quälten, müssen ja irgendwo herkommen.

Als ob Kreativität die beste Medizin wäre, gelingt ihm einer seiner größten Coups nicht auf der technischen, sondern der wirtschaftlichen Seite: Als das Gebot fiel, die Rennwagen in den Nationalfarben zu lackieren, war Chapman der Erste, der das traditionelle British Racing Green opferte und stattdessen der erst verdutzten und dann neidischen Konkurrenz die ersten branchenfremden Sponsorenschriftzüge auf seine Rennwagen klebte: die der Zigarettenmarke »Gold Leaf« und wenig später die durch den Rennsport bekannt gewordene John Player Special. Damit wurde für die Garagisten eine ganz neue, goldene Ära eingeläutet.

Verschwenderisch wurde er deshalb keineswegs, der puristische Ansatz aus seinen Leichtbaufantasien bleibt sein Lebensmotto: »Ich nehme niemals von etwas zu viel«.

Denk-Sport: Selbst beim Ausspannen mit Babro Peterson im Sheraton in Buenos Aires geht Chapman die Formel 1 nicht aus dem Kopf. Er ist ein Getriebener, vielleicht sogar ein Gefangener seines Erfindergeistes.

Feier-Abend: Unter der stolzen Parole »Rennen fahren für Großbritannien« erlaubt Chapman sich und seiner Mannschaft 1970 eine der seltenen Kunstpausen.

ING FOR BRITAIN
GOLD LEAF
TEAM LOTUS
Shell
JOHN MILES
16
GOLD LEAF
TEAM LOTUS

Ein Mann, ein Wort:
Alan Jones (links) und Patrick Head hören auf das Kommando von General Williams.

Der Unerbittliche

Frank Williams fordert sich und seinen Mitarbeitern immer gleich viel ab – nämlich alles

Öffentlichkeitsscheu:
Großartige Präsentationen, wie hier sein Formel 2-Team mit den Piloten Derek Bell und Henri Pescarolo sind nicht das große Ding für Frank Williams (1. von rechts stehend).

Sir Frank Williams dürfte der letzte Formel 1-Rennstallbesitzer sein, der von der Queen in den Adelsstand erhoben worden ist, denn die Spezies der unabhängigen Garagisten, die 1950 die Weltmeisterschaft ins Leben gerufen hatten und lange bestimmen konnten, ist im neuen Millennium vom Aussterben bedroht. Vom Rollstuhl aus verteidigt Williams die Eigenständigkeit seines Teams. Der Rennstall ist mehr als nur ein Geschäftsbetrieb, es ist sein Lebenswerk, in jeder Hinsicht seine Existenz. Bei allen Kämpfen, die er durchzustehen hat, lässt sich mit Fug und Recht behaupten: Diese stete Herausforderung hält ihn am Leben. Allein die Tatsache, dass er niemals ein Interesse hatte, in seiner Williams-Rennfabrik ein Straßenauto zu bauen, zeugt von einem unzerstörbaren Wettbewerbsgeist. Es ist jener Wesenszug, der schon als kleiner Junge in ihm schlummerte, als er sich am ersten Weihnachtstag per Anhalter auf den Weg zum Renntag in Brands Hatch machte. Weil an Weihnachten so wenig Verkehr war, kam er meistens erst zum letzten Rennen an. Aber er war glücklich, als er Bruce McLaren, Stirling Moss und Jack Brabham aus der Nähe betrachten konnte. Den Mut, sie anzusprechen, hatte er nicht. Aber der Wunsch, dorthin zu kommen, wo sich seine Idole tummelten, war geboren. 1969 brachte er beim Großen Preis von Spanien einen Brabham für seinen Freund Piers Courage an den Start. Das erste Rennen unter der Nennung Williams Grand Prix fand im Jahre 1973 statt.

Frank Williams blickt aus seinem Rollstuhl heraus stur geradeaus, sein Blick so leer wie der seines langjährigen Geschäftspartners, Technikchefs und Freundes Patrick Head, der neben ihm in der Boxengarage in die Hocke gegangen ist: Der Zug zur Spitze schien zur Jahrtausendwende hin, als die Werksrennställe die wirtschaftliche und sportliche Macht in der Formel 1 übernehmen, endgültig abgefahren. Nicht, dass er das für akzeptabel halten oder gar akzeptieren würde. Sollte damals je Verzweiflung aufgekeimt sein, dann wurde sie von der Sturheit, den beide im Blick wie im Charakter haben, erstickt. Es geht den beiden ums Team, ums Geld, um den Erfolg – und vor allem um ihr Prinzip. Williams und Head pflegen in der Ego-Welt des Grand-Prix-Sports ihr einmaliges duales System. Alles durch zwei, aber auch alles mal zwei. »Wir haben Respekt voreinander, und jeder von uns verfolgt realistische Ambitionen«, sagt Patrick Head über die fruchtbare Beziehung Tea(m) for two.

Den Willen als eisern zu bezeichnen, kommt einer metallischen Untertreibung gleich. Ferdi Kräling hält ihn für einen »liebenswerten Typen, der sich und seinem Körper genauso viel abverlangt, wie seinen Fahrern und Mechanikern und dessen

NO SMOKING
16
Marlboro
agv
saudia
Alan Jones A+
ALBILAD
Marlboro
WORLD CHAMPIONSHIP TEAM
Leyland
saudia
GOODYEAR

Stiller Trotz: ein Teamchef mit einer ganz besonderen Perspektive. Von Tragik und Mitleid will er nichts wissen, selbst den hinter vorgehaltener Hand geflüsterten Spitznamen »Rollstuhl-General« versteht er als Ehrentitel.

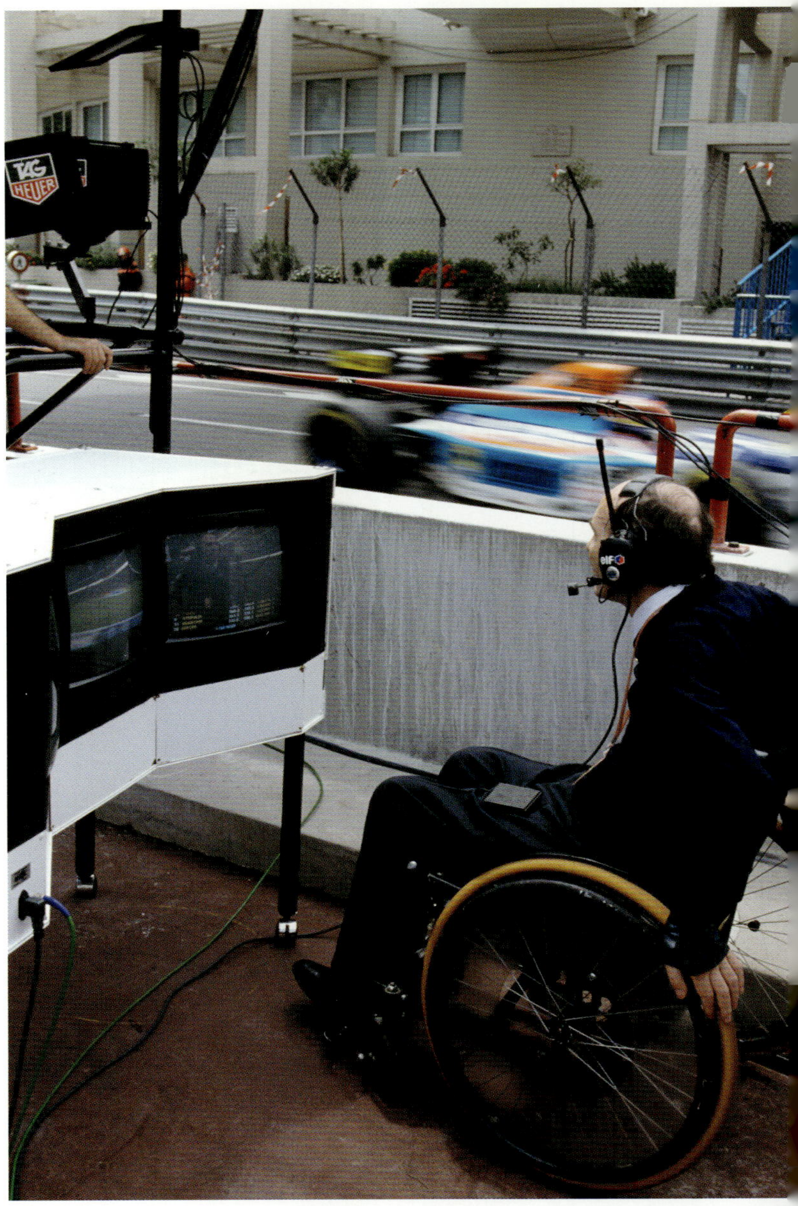

Konfliktbereit: Frank Williams Miene im Dialog mit seinem Chauffeur Piers Courage und einem Mechaniker spricht Bände.

ganzes Leben auf Höchstleistung und Erfolg getrimmt ist«. Die große Liebe zum Sport wird in Worten selten deutlich, und das war auch schon vor dem Autounfall auf der Rückfahrt von Testfahrten im März 1986 in Le Castellet so, bei dem der vierte und fünfte Nackenwirbel zerquetscht wurden und er seither von den Achseln abwärts gelähmt ist. Seither sitzt er im Rollstuhl, ist aber trotzdem immer voll bei der Sache. Der Österreicher Gerhard Berger, der während der kurzen und am Ende gescheiterten Zusammenarbeit zwischen Williams und BMW auf der Managementebene mit dem charismatischen Briten zusammenarbeitete: »Wenn Frank ›nicht schlecht‹ sagt, dann heißt das übersetzt: sehr gut ...« Dass zuhause in Mittelengland sich die Bibliothek unter Büchern mit deutscher Militärgeschichte biegen, ist kein Zufall: Williams führt ein strenges Regiment. Damon Hill beschreibt das so: »Frank ist der Monarch, Williams seine Armee, Patrick Head der General, und es geht darum, im Namen Englands die Italiener zu besiegen.« Das wird nicht nur durch neun Konstrukteurs- und sieben Fahrerweltmeisterschaften belohnt. Zweimal wird das Team von der Queen für die Verdienste um den Export ausgezeichnet, Frank Williams selbst wird 1999 in den Ritterstand erhoben. Zu den Persönlichkeiten, die er selbst für die wichtigsten im Renngeschäft hält, zählt er Bernie Ecclestone, Max Mosley und Jackie Stewart.

Kein anderer Rennstall verfechtet den sportlichen Darwinismus so wie Williams. Fahrer sind Angestellte, die sich zu fügen haben. Egal, ob sie gerade Weltmeister geworden sind, oder nicht – wer zu aufmüpfig ist, zu unkonstant oder einfach zu teuer, der kann gehen, fliegt. Nicht immer sei gelobt, was hart macht. Ansonsten ist Sportlichkeit das höchste Prinzip. Stallorder sind, was die Fahrer angeht, so lange kein Thema, bis einer keine Chance mehr hat. Hauptsache, das Team gewinnt. Es scheint Frank Williams eine beinahe diebische Freude zu bereiten, mal den einen, mal den anderen Chauffeur gegen seinen Kollegen aufzustacheln. Mancher Fahrer beklagt sich deshalb über die Gefühlskälte im Team. Dabei ist es die reine Nüchternheit, die sich aus den Köpfen bis in die Boxen fortsetzt. Frank Williams unterscheidet sehr zwischen dem besten Fahrer, den das Team in seiner erfolgreichen Geschichte hatte (Ayrton Senna) und dem erfolgreichsten (Nigel Mansell). Am Landsmann imponierte Williams vor allem die Willensstärke – und wenn das einer beurteilen kann, dann er. Und was das Aufspüren von Talenten angeht, gibt es in der Formel 1 kaum einen Besseren als ihn – er entwickelte das Verleih- und Tauschgeschäft sogar zu einem lukrativen Geschäftszweig.

So pflegt Williams alle Weggefährten zu behandeln: In Form einer Partnerschaft, nicht als Liebesdienerei. Bislang sind alle gut damit gefahren – ob Ford, Honda oder

Ziel erreicht: Der Mann kann sich ja wirklich freuen über den Sieg von Alan Jones 1979 in Hockenheim.

Renault. Und Williams Grand Prix weist seit Jahren zweistellige Gewinnsummen aus, man erkannte früh das drohende Tabakwerbeverbot und sattelte auf die Konsumgüterindustrie um. Im Rennen gegen die branchentypische Verschwendungssucht bleibt das Team bis heute Dauersieger. Glitzernde Präsentationen sind den Machern ein Gräuel, in der Regel werden in der heimischen Rennfabrik am Premierentag lediglich ein paar Kekse zum Tee serviert. Echte Sportsmänner. »Die Formel 1 ist harte Arbeit und wie das Leben – man kann nur herausholen, was man investiert«, lautet einer der prägenden Wahlsprüche von Frank Williams.

Was der Wille alles bewegen kann. Selbst wenn er durchs Fahrerlager geschoben wird, versucht er mit den Händen noch die Räder mitzudrehen. »Ohne Motorsport«, sagt er, »wäre ich wirklich krank.«

Einer-Kanadier: vorläufig der letzte Weltmeister in Williams-Farben – Jacques Villeneuve 1997.

Der Kernige

Ken Tyrrell überrascht vor allem immer wieder mit seinem Mut

Einen Engländer mit einer deutschen Eiche zu vergleichen, das erscheint gewagt. Aber welchen charmanteren Vergleich kann es für einen Typen wie Ken Tyrrell geben. Es soll auch gar nicht darum gehen, wie knorrig der Mann aus der englischen Grafschaft Surrey ist, dessen Leben vier Jahrzehnte lang durch die Formel 1 bestimmt worden ist – und der das Leben der Formel 1 in dieser Zeit maßgeblich mitbestimmt hat. Der Vergleich mit der Eiche ist ein Kompliment, markiert er doch die Standhaftigkeit eines überzeugten Racers. »Auf den ersten Blick hat man ihn nun wirklich nicht mit einer Hightechsportart in Verbindung gebracht«, sagt auch Ferdi Kräling, »er hat eher wie ein Holzfäller gewirkt.« Und in der Tat, schlägt man Biografien nach, denn steht da: Robert Kenneth Tyrrell, Beruf Holzhändler. Durch den Bauboom nach dem Zweiten Weltkrieg macht er eine Menge Holz und ein ansehnliches Vermögen.

Der Reiz für Reiche, im Motorsport neue Grenzerfahrungen zu machen, ist in den 1950er-Jahren so ausgeprägt wie heute. Eine stilisierte Axt wird zu seinem Rennsportwappen. Ken Tyrell hat vor allem Talent darin, Dinge richtig einzuschätzen – selbst seine nicht besonders ausgeprägte Fähigkeit als Rennfahrer. Er war ein besserer Luftwaffenpilot als Rennwagenlenker. Die Faszination für den Sport – und für das Geschäft – aber wird er nicht mehr los, und die Freundschaft zum Rennwagenbauer John Cooper führt schnell zur Gründung der Tyrrell Racing Corporation, die vom Grundstück seines Holzhandels in Ockham aus operiert. Formel 3, Formel 2, Formel 1 – der Weg ist nummerisch vorgezeichnet. Und mit ihm steigt der junge Pilot auf, den Tyrrell entdeckt hat: Jackie Stewart. Er wird zur Vaterfigur für den Weltmeister. Stewarts erstes Championat 1969 beschert auch Tyrrell den Sieg in der Markenwertung, aber den eigentlichen Durchbruch für den Konstrukteur bringt ausgerechnet das folgende, sehr durchwachsene Jahr: Tyrrell entschließt sich, das erste eigene Rennauto auf die Beine zu stellen, weil er mit dem gelieferten Matra-Chassis nicht zufrieden ist. Auf eigenen Namen und eigene Rechnung räumt er 1971 wieder den Titel mit Stewart ab. Das britische Duell Lotus gegen Tyrrell gehört in der Folge zu den spannendsten Rivalitäten, die die Formel 1 bis heute kennt – 1973 gelingt Stewart dann der Hattrick. Respekt aber gewinnt Ken Tyrrell nicht nur durch die Erfolge. Als er seinen Rennstall beim Großen Preis der USA zurückzieht, weil im Training François Cevert tödlich verunglückt, verliert er dadurch den Markentitel. Aber der Respekt für die Entscheidung bleibt. Auch Jackie Stewart, der sechs seiner neun Grand-Prix-Jahre bei Tyrrell verbracht hat, verabschiedet sich

Ein Fahrer ist immer nur so gut wie sein Auto: Jackie Stewart und François Cevert.

Aus diesem Holz sind echte Racer geschnitzt: Ein typischeres Bild von Ken Tyrrell kann es nicht geben.

Bescheidenheit ist eine Zier: Ken Tyrrell war überzeugt von der Sache, seiner Sache. So ist er zu einer Vaterfigur der Formel 1 herangewachsen. Das hat ihm am Ende der erfolgreichen Zeiten viel Mitgefühl gebracht. Mitleid aber hat er immer abgelehnt.

Six-Pack: Der höchste Reifenverschleiß, den ein Formel 1-Auto je hatte – sechs Räder treiben den Tyrrell P 34 an.

Ur-Wüchsig: Die Renntransporter stehen auf dem Gelände seiner alten Holzhandlung, und die Rennwerkstatt sieht auch eher nach Holzfällerromantik aus. Ken Tyrrell, hier im Dialog mit Gunnar Nilsson, ist ein Selfmade-Teamchef durch und durch. Und er tut auch nichts dagegen, seine Herkunft zu kaschieren. Warum auch? Es gibt viele Wege, die zum Erfolg führen – und Tyrrell geht seinen ganz eigenen.

einige Wochen später von der Formel 1: »Ken ist für mich die wichtigste Person außerhalb meiner Familie.« Die noch junge Ära Tyrrell bekommt am Ende dieses Rennjahres einen entscheidenden ersten Knacks.

Die 1970er-Jahre sind das große Jahrzehnt Tyrrells, und der von Chefingenieur Derek Gardner konstruierte Rennwagen-Typ P34 wird für immer einen Spitzenplatz in der technischen Geschichte des Grand-Prix-Sports behalten. Bei der feierlichen Enthüllung 1976 wird das Tuch von hinten nach vorn vom Auto gezogen, und die staunende Öffentlichkeit begreift schnell, warum: Nach den dicken Reifenwalzen im Heck kommen an der Fahrzeugnase zwei beinahe niedlich wirkende Vorderräder zum Vorschein – der erste sechsrädrige Rennwagen der Formel 1 ist geboren! Die gewagte Konstruktion basiert auf dem Konzept, dass durch die sehr schmalen Räder vorn der Luftwiderstand entscheidend verringert wird. Das Konzept mit dem Hinterradantrieb scheint aufzugehen, der Six-Pack hält gut mit. Der große Moment – wie man erst später wissen wird, auch der einzige große – schlägt beim Großen Preis von Schweden 1977, als Jody Scheckter und Patrick Depailler dem Tyrrell-Team einen doppelten Erfolg bescheren. Dass dieser nicht dauerhaft blieb, lag mit daran, dass die spezielle Reifenentwicklung für Goodyear zu kostspielig wurde. Aber das Risiko ist es wert gewesen, und Ken Tyrrell überrascht einmal mehr mit einem Mut, den man ihm auf den ersten Blick gar nicht zugetraut hätte. Vielleicht ist das genau sein Erfolgsrezept: mehr zu sein als zu scheinen – genau gegensätzlich zu den üblichen Formel 1-Gepflogenheiten. Ausgerechnet die eigentlich geniale Konstruktion aber führt ihn von der Straße des Erfolges ab – der Irrweg, den Scheckter früh erkennt, wird zu lange verfolgt.

Ken Tyrrell behält seine Standfestigkeit und seine Würde auch, als ihm nach dem Abschied großer Sponsoren nur noch sein großer Name bleibt – und immer wieder der Ärger mit den Regelbehörden. Unrühmlicher Höhepunkt ist der Ausschluss von der Weltmeisterschaft 1984 wegen angeblicher Manipulationen am Rennwagen. Aber stur wie er ist (die Eiche!), lässt er sich nicht verdrängen. In den moderner werdenden Zeiten steht er für die Grundwerte, auch wenn das mancher belächelt. Wenn die Bezeichnung »Team-Prinzipal« von Prinzipien abgeleitet wird, dann gehört dazu auch das Prinzip Tyrrell. Er glaubt an sich, sein Team und an das nächste Rennen, das die bessere Zukunft bescheren soll. Aus der Not macht er eine Tugend, das Tyrrell-Team wird zum Sprungbrett für Piloten wie Stefan Bellof, Martin Brundle oder Jean Alesi.

Es sind Achtungserfolge, die der Rennstall einfährt, aber der Kampf um das wirtschaftliche Überleben nimmt viel von jener Energie, die für die Rückkehr zum sportlichen Erfolg auf der Rennstrecke vonnöten wäre. Ein Tiefpunkt wird erreicht, als Ken Tyrrell 1989 an seinem 65. Geburtstag aus Mangel an Personal selbst einen Renntruck zum Großen Preis von Monaco chauffieren muss. Zehn Jahre lang schlägt er sich noch wacker durch, dann verkauft er sein Team 1998 an British American Tobacco. Der British Racing Drivers Club wählt ihn daraufhin zu seinem Präsidenten. Oft wird er das Jacket nicht mehr tragen können, der Krebs besiegt ihn 2001. Zum Zuschauen scheinen echte Racer einfach nicht gemacht, das Schicksal weist sie brutal darauf hin.

Flunder gibt es immer wieder: Dem Tyrrell 002-Ford V8 von François Cevert ist die Schnelligkeit förmlich anzusehen.

Der Leidenschaftliche

Enzo Ferrari hat von allen Rennstallbesitzern das größte – und das erfolgreichste Vermächtnis hinterlassen

Das springende Pferd, das Kraft und Schönheit symbolisiert, ist – schwarz auf gelbem Grund – das offizielle Markenzeichen von Ferrari. Doch in der klassischen Lackierung der Rennwagen findet sich die Verehrung viel treffender wieder: Wenn es eine Farbe der Liebe gibt, dann muss es dieses Rot sein. Herzblut. Rosso Corsa ist – nachdem das britische Racing Green verschwunden ist – die emotionalste Lackierung der Formel 1. Auch Ferdi Kräling fühlt sich besonders in den Bann der rasenden italienischen Momente gezogen: »Wenn ein unauffälliger Fiat mit Chauffeur ins Fahrerlager fuhr, wusste plötzlich jeder: Enzo Ferrari ist da. Wie eine Erscheinung, ein übernatürliches Wesen. Beim ersten Mal habe ich glatt vergessen, ihn zu fotografieren. Ich habe den Mann mit der dunklen Sonnenbrille nur angestarrt. Er hat einen einfach in seinen Bann gezogen. Es dauerte nur Sekunden, dann war er umringt von Journalisten und Fotografen, die ihn zu ersticken drohten. Das ist Charisma.«

Enzo Ferrari selbst, mit einem Dickkopf wie aus Granit, hat immer nur eins im Kopf gehabt – den Blick nach vorn: »Das Auto mag ich am liebsten, das noch nicht konstruiert ist, und den Sieg liebe ich, der noch nicht errungen wurde.« Keine Familie, schon gar keine italienische, ohne starkes Oberhaupt. Ferrari hat einen Commendatore.

Herren-Runde: Enzo Ferrari und Graf Berghe von Trips im Zwiegespräch. Nur sein Unfalltod 1961 verhinderte, dass der Renn-Graf erster deutscher Formel 1-Weltmeister wurde.

Am ersten Rennen der Königsklasse, 1950 in Silverstone, nahm Ferrari nicht teil – man konnte sich nicht auf das Startgeld verständigen. Zwei Jahre später holte Alberto Ascari im großen Kampf vor allem gegen die Alfettas den ersten Weltmeistertitel für Ferrari. Insgesamt 30 – Fahrer- und Konstrukteurswertung zusammengenommen – sind es bis 2008 geworden. Der Stolz basiert auf der Sucht nach dem Erfolg, seit am 11. Mai 1947 in Piacenza der erste eigene Ferrari-Rennwagen seine Runden drehte (bis dahin wurden Alfa Romeo eingesetzt). Und natürlich waren es Zwölfzylinder, die unter dem Wappen des avallino rampante eingesetzt wurden. Etwas anderes ließ er gar nicht zu, es war Ferraris Religion. Die Zeitungen schrieben von der »roten Rakete«.

Ferrarissima, die Begeisterung, die ständig im roten Drehzahlbereich angesiedelt ist, macht vor niemand halt. Der Vatikan drohte wegen der Unfälle auf den Rennstrecken früher den Fans zwar mit Exkommunizierung, bis Enzo Ferrari – der erklärte Atheist – persönlich beim Heiligen Vater um Audienz bat und einen Chronografen mit springendem Pferd überreichte. Sind solche Glaubensbekenntnisse bei irgendeiner anderen Marke vorstellbar? »Jeder Sieg verlängert mein Leben«, behauptete Enzo Ferrari, der Vater der Firma und des Rennstalls. Zur Unsterblichkeit ihres Paten hat es dennoch nicht gereicht. Enzo Ferrari starb 1988, ein halbes Jahr nach seinem 90. Geburtstag. Der Mann mit der Adlernase wusste aber auch: »Der Mensch ist vergänglich, nur seine Werke überleben ihn.« Er glaubte fest daran, dass Autos eine Seele haben. Ein Rennstall wie eine Religion, ewiger Weltmeister der Emotion.

Die Seelenwanderung wird fortgeführt. Passione e Potenza nennen die Italiener das, was unter dem roten Kleid steckt – die Kraft und die Leidenschaft. Verkörpert wird er an der Firmenspitze perfekt von Luca di Montezemolo, einem Markgrafen mit dem nötigen Charme und der richtigen Härte. Kein Wunder, ist er doch beim Alten selbst in die Lehre gegangen. Und hat die beste Ausbildung in der Boxengasse genossen, als er vom Kommandostand aus 1975 und 1977 Niki Lauda zum Weltmeistertitel führte. In Italien qualifiziert so etwas dafür, den größten Automobilkonzern zu lenken. Der Turiner Multikonzern Fiat hat schon früh Ferrari-Schicksal gespielt. Der junge Enzo, der sich bei der Berufswahl zwischen Opernsänger und Sportjournalist für Rennfahrer entschieden hatte, wurde weggeschickt, als er bei Fiat als Mechaniker anheuern wollte. Das konnte er nie verwinden. Ferrari hatte nur seinen Namen und seine Idee, als er sich notgedrungen mit einem Rennstall, der Scuderia, selbstständig machte. Einzig der

Jung, dynamisch, erfolgreich: Luca di Montezemolo feiert den zweiten Saisonsieg 1974 in Holland mit Niki Lauda, Mauro Forghieri, Clay Regazzoni und Mechanikern.

Das Rot als Farbe der Liebe für einen Rennwagen zu wählen, sagt schon viel aus über das, was Ferrari antreibt: Ohne Herzblut geht es einfach nicht in Maranello. Das erfolgreichste Team der Formel 1 teilt das Schicksal von Bayern München: Liebe oder Hass – dazwischen gibt es nichts.

Zwang zum wirtschaftlichen Überleben ließ Enzo Ferrari aus Rennwagen auch Serienmodelle schaffen: »Ich musste die Autos, die am Sonntag gewonnen hatten, montags verkaufen, um die Rennmechaniker bezahlen zu können.« Ferrari soll es immer bedauert haben, nicht alle Leute, die in seinen Wagen sitzen, so an die Kandare nehmen zu können wie seine Rennfahrer. Autos, die als Persönlichkeiten angesehen werden, verlangen eigentlich ebensolche hinter dem Steuer. Bisweilen war er brutal zu den Piloten. Phil Hill und Graf Berghe von Trips sprachen 1961 beim »Alten« vor, er möge eine Stallorder verfügen: »Wir werden uns sonst gegenseitig umbringen.« Ferrari soll nur gelacht haben. Für den Deutschen nahm der Wettlauf einen tödlichen Ausgang.

Ziehsohn Montezemolo ging auch das Unternehmen WM-Sieg nach Managementgrundsätzen an. Zwei Jahrzehnte ohne WM-Krone waren eine Ewigkeit für die Gestione Sportiva und für die Ferraristi, die Extremisten unter den Formel 1-Fans. Intrigen und ständige Personalwechsel hatten die Rennmannschaft aufgerieben. Er schuf für den Weg zurück nach oben eine europäische Renngemeinschaft, die eine Art preußisches Dolce Vita pflegt. Zu lange hatte man im eigenen Saft geschmort, den internationalen Anschluss verpasst. In Maranello waren sie nur noch in Sachen Intrigen weltmeisterlich, und mit der Verpflichtung des Briten John Barnard, der in England parallel zu den Aktivitäten von Maranello einen Rennwagen konstruierte, kam noch mehr böses Blut ins Spiel. Ferrari musste sein Gesicht verändern, um an die Spitze zurückzukehren – als Erstes soll Mitte der 1990er-Jahre den Rennmechanikern der Lambrusco in der Kantine gestrichen worden sein. Das leidende Element, stets eng mit dem Mythos der Marke verbunden, ist durch Perfektion ersetzt worden. Jubelarien sind bei Ferrari immer noch schöner als anderswo, doch hauptsächlich ist analytischer Verstand gefragt. Denn nur durch das perfekte Zusammenspiel des deutschen Paradepiloten Michael Schumacher, des französischen Teamchefs Jean Todt und des britischen Technikstrategen Ross Brawn konnte der Hattrick in der Konstrukteurs-WM geschafft werden. Bei der geglückten Übersetzung der Tradition in die Moderne ist mit einem taktischen Kniff das Wohlwollen der empfindlichen italienischen Seele gesichert worden: Das Herz nämlich, la macchina, schlägt weiter im einheimischen Rhythmus.

My name is Luca: Die Sonnenbrille von damals würde Montezemolo auch im Amt als oberster Ferrari-Lenker schmücken.

Streitbarer Geist: Mauro Forghieri, ein genialer Konstrukteur und Teamchef, musste die großen Ideen von Enzo Ferrari in die Tat umzusetzen.

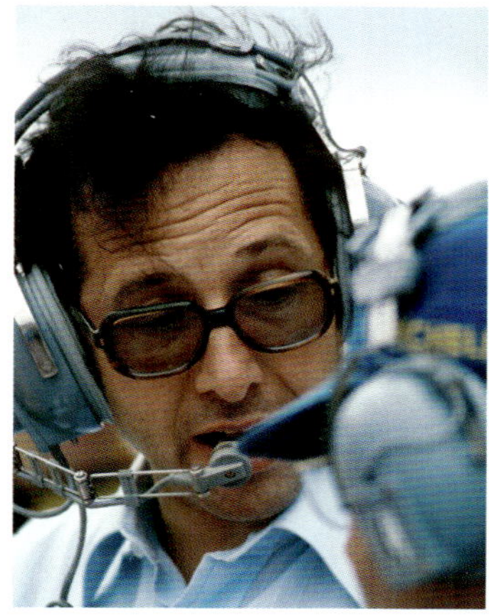

Viel Schweiß, kein Preis: Gerhard Berger mit John Barnard gehört zwar zu den großen Namen, die für Ferrari fuhren, aber nie zu den ganz großen Siegern. Barnard baute in England an einem Rennwagen, parallel dazu Gustav Brunner in Italien.

Konstrukteur Paolo Martinelli wird deshalb intern vom 750-köpfigen Stab (Rekord, auch das) als il papa verehrt.

Die Stellenbeschreibung für den Chefposten der Gestione Sportiva fordert neben allem fachlichen Wissen vor allem eine Qualifikation, die es nicht zu lernen gibt: Charisma. Es ist der unverzichtbare Treibstoff, um ein Formel 1-Team zu führen, das selbst heute noch eigenen Gesetzen in einer sonst so austauschbar gewordenen Geschäfts- und Sportwelt gehorcht. Dazu muss man aus einem Holz wie Enzo Ferrari, Luca di Montezemolo oder Jean Todt geschnitzt sein. Alle anderen, die diese besondere Gabe nicht in sich tragen, sollen sich wenigstens daran orientieren können. Wer bei Ferrari anheuert, bekommt ein kleines Büchlein in die Hand gedrückt, das die Wertvorstellungen aus dem großen Erbe Enzos enthält. Die »Renn-Bibel«, selbstverständlich mit rotem Umschlag, kommt mit zehn Geboten aus. Erstens: Ethik. Zweitens: Respekt für die Kollegen. Drittens: kulturelle Vielfalt. Viertens: Teamwork. Fünftens: exzellent in der Arbeit. Sechstens: Fähigkeit zur Innovation. Siebtens: Wohlfühlen am Arbeitsplatz. Achtens: Effizienz im Tun. Neuntens: Zielstrebigkeit. Zehntens: Geschwindigkeit. Im Vorwort der »I nostri valori« wird der professionelle und positive Arbeitsgeist des Teams erläutert; »Es sind diese Prinzipien oder Philosophien, wenn man so will, mit denen von der Putzfrau bis zum Präsidenten jeder bei Ferrari vertraut sein muss. Wie bei einer eng miteinander verbundenen Familie geben uns diese Werte in guten wie in schlechten Zeiten den nötigen Rückhalt.«

Montezemolo analysiert das nötige Herzblut: »In unserer DNA steckt die Herausforderung und die Siegeslust. Michael ist der Allergrößte, den Ferrari je gehabt hat, der Motivator für die ganze Mannschaft. Aber wir bestehen trotzdem auf dem Konzept der Gemeinschaft.« Das automobile italienische Dream-Team von heute unterscheidet sich dank einer politisch gewieften Führung vor allem dadurch von früher, dass Meinungsverschiedenheiten nicht über die Sporttageszeitungen ausgetragen werden. Die Verschworenheit der Ferrari-Truppe, die mehr und mehr wieder zu einem italienischen Nationalteam wird, wirkt fast unheimlich. Es muss wohl so sein, dass jeder, der dazu gehören will, das ständige Leben im roten Drehzahlbereich verinnerlicht hat. Und jeder, der die werkseigene Rennstrecke Fiorano betritt, muss an einer Madonna vorbei. Es wundert nur, dass sie Weiß ist und nicht leuchtend Rot. Madonna mia.

Drei Freunde müsst ihr sein: Jean Todt, Ross Brawn und Michael Schumacher brachten die Scuderia in den 1990er-Jahren wieder auf die Erfolgsspur.

Zählen Sie doch mal nach, aber Sie werden auch ohne mathematische Grundkenntnisse schnell darauf kommen, dass Siege in der Formel 1 alles bedeuten für Ferrari, ach was, das ganze automobile Italien. Und dieses Bilddokument von 2005 zeigt nur die Einsatzmannschaft an der Strecke. Insgesamt kümmert sich die fünffache Anzahl von Mitarbeitern um das Wohl und Wehe zweier Rennwagen.

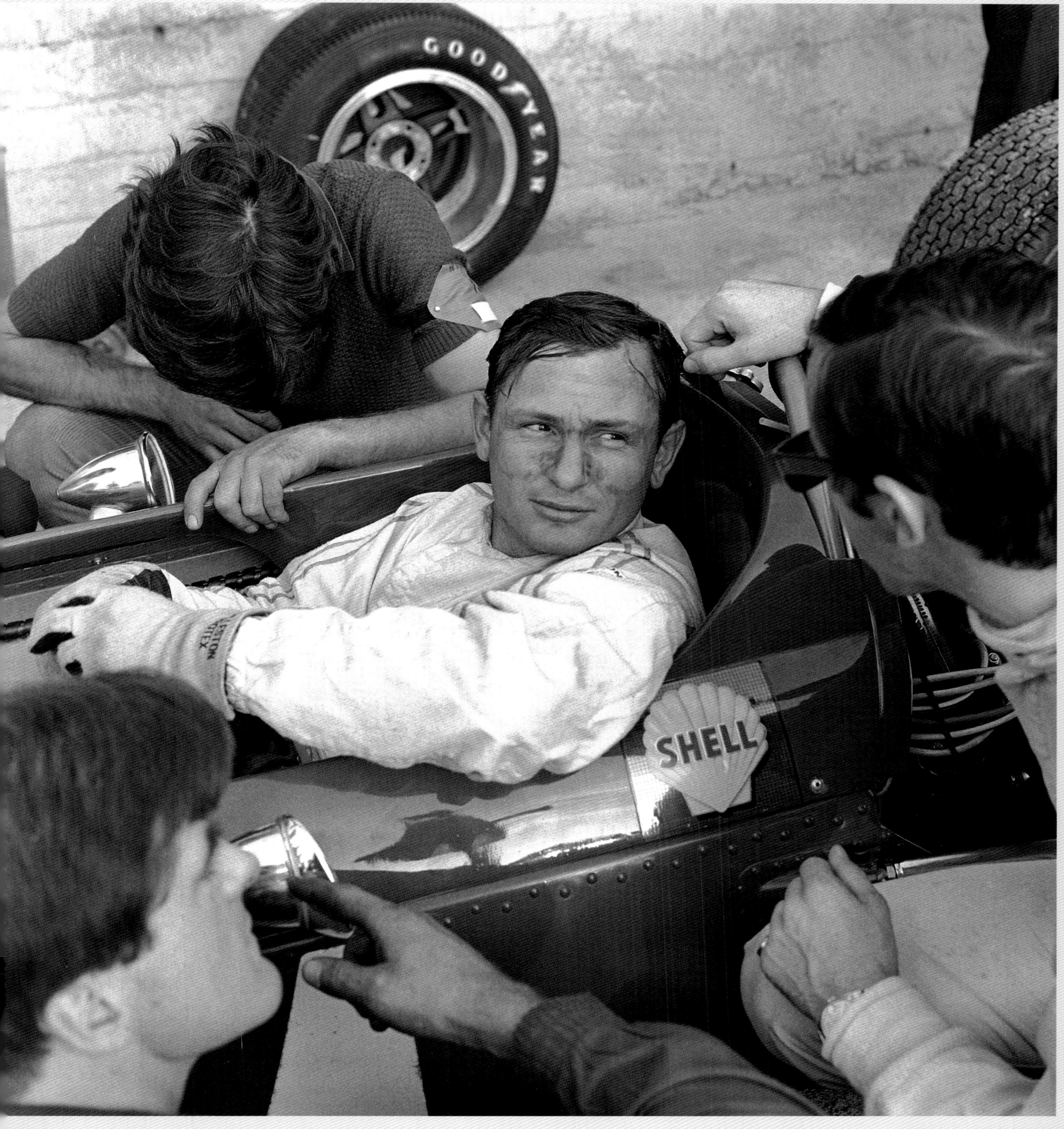
GOODYEAR
SHELL

Zwischen-Spiel: Teddy Mayer bestimmt Mitte der 1970er-Jahre die Geschicke bei McLaren und holt Titel, bevor die große Zeit von Ron Dennis kommt.

Auf eigenen Namen: Bruce McLaren im McLaren M14A-Ford V8, GP Monaco 1970.

Cheffahrer Jack Brabham ein, es ist das erfolgreichste Jahr für Ozeanien in der WM-Geschichte. So gut läuft es nie mehr, und in McLaren beginnt eine zweite Leidenschaft zu reifen: die Konstruktion von Rennwagen. Ein echter Früh-Reifer. 1966 zieht er unter eigenem Namen als Teamchef in die Formel 1 ein, da ist er noch nicht mal 30. Zwei Jahre später sorgen er und Dennis Hulme für Platz zwei in der Konstrukteurs-WM, gleich hinter Lotus. Der Doppeljob scheint neue Kräfte freizusetzen, in die Saison 1970 geht der Neuseeländer als einer der Favoriten. Doch die physikalischen Kräfte sind manchmal stärker als aller menschlicher Wille: Bei der Testfahrt mit einem CanAm-McLaren wird die Heckverkleidung weggerissen, das Auto prallt mit Tempo 200 gegen eine Mauer, Bruce McLaren wird aus dem Auto geschleudert und stirbt.

Aber sein Traum lebt weiter, seine Frau Patty und Teammanager Teddy Mayer führen das Team weiter. Wenig später gibt Jack Brabham seine Karriere auf, und die beiden Mechaniker Ron Dennis und Neil Trundle betreiben auf eigene Rechnung (»Rondel«) Rennsport, in unteren Klassen. Die Wege von Dennis und McLaren nähern sich an. Der ehrgeizige Brite dient sich hoch bis in die Formel 2, sein »Project Four« wird von Marlboro unterstützt. Der Zigarettenmanager John Hogan, unzufrieden mit dem Weg von McLaren unter Teddy Mayer, führt die beiden Teams zusammen – McLaren International entsteht. Mit 34 steht Dennis an der Spitze. Er entdeckt das fahrerische Talent eines Alain Prost und das zeichnerische eines John Barnard, der am ersten Kohlefaserchassis der Renngeschichte zu arbeiten beginnt. Der wichtigste Erfolg für eine bessere Zukunft liegt aber darin, 1983 den Williams-Sponsor Mansour Ojjeh abzuwerben. Mit dem Sponsorgeld des Arabers (»TAG«) kann bei Porsche ein Turbomotor in Auftrag gegeben werden, der zu einem der erfolgreichsten Aggregate der Formel 1 wird – und McLaren dahin katapultiert, wo Dennis hin will: ganz nach oben. Niki Lauda und zweimal Alain Prost holen 1984, 1985 und 1986 den WM-Hattrick. Ein Jahrzehnt später spielt zum zweiten Mal ein deutscher Hersteller Schicksal für den stolzen Briten – Mercedes ist auf Partnersuche, und kauft sich nach dem zweiten Weltmeistertitel von Mika Häkkinen im Jahre 2000 sogar in das Team ein.

»Entschuldigungen darf es nie geben«, sagt Ron Dennis gern, »für alles gibt es Gründe.« Entsprechend ist die Firmenphilosophie formuliert: McLaren ist ein Rennstall, der existiert, um zu gewinnen. Aus dieser Ausschließlichkeit wird manchmal Besessenheit.

Immer auf der Hut: Emerson Fittipaldi und die entspannten Betreuer von McLaren, rechts Teddy Mayer.

Traum-Schiff: Die neue Firmenzentrale von McLaren, »Paragon« getauft, ist ein riesiger Techno-Tempel.

Klein-Aktionäre: Mansour Ojjeh und Ron Dennis haben sich mit Mercedes verbündet.

Mercedes lässt die Farbe Silber wieder in der Formel 1 strahlen. Nach einem ersten Versuch mit dem Sauber-Rennstall werden die Stuttgarter Partner von McLaren. Ron Dennis pflegt zwar den Stil des Konzerns, ist fortan aber nicht mehr alleiniger Herr im Haus.

Aber den Herrn im Haus, den gibt zu jeder Zeit Dennis. Bei allen herausragenden Erfolgen spielt leider immer ein wenig die Arroganz der Macht mit. Er weiß um dieses Image, und tut auch nichts, es zu korrigieren: »Wenn ich lächelnd durchs Fahrerlager gehe, dann heißt es: Schau diesen selbstzufriedenen Typen an. Setze ich mein finsteres Standardgesicht auf, sagen sie, ich sei ein Miesepeter ...« Als fairste Beurteilungsweise erscheint immer noch die, ihn an seinen eigenen Ansprüchen zu messen – aber die sind beinahe unmenschlich hoch. Nicht bloß dem Sieg, sondern der Perfektion gilt das Streben der ewigen Nummer eins im Team. Einmal, 1988, war er ganz nah dran: 15 von 16 WM-Läufen konnten die McLaren-Piloten Ayrton Senna und Alain Prost gewinnen. Kein Wunder, dass die Vorliebe fürs Detail zur McLaren-Philosophie geworden ist: »Dinge so zu tun wie andere, genügt nicht.«

Zum Beispiel ist in der Teambiografie zu lesen: »Ein gut ausgehandelter Vertrag strahlt eine ganz bestimmte Wärme aus.« Aber eins darf man dabei nicht vergessen: Ein Jean Todt oder Flavio Briatore stehen Dennis in Ehrgeiz und der Härte gegen sich selbst und andere in nichts nach, eher im Gegenteil. Autokraten-Schicksal. »Es gibt nur einen sehr kurzen Zeitraum am Tag, an dem ich mir erlauben kann, nicht motiviert zu sein. Das ist die Zeit, die zwischen dem Aufwachen und jenem Moment vergeht, an dem meine Füße den Boden neben dem Bett betreten«, sagt Dennis.

Mannhaft stellt er sich dem Schicksal entgegen: »Ich glaube nicht an böse Omen, ich glaube nicht an Glück. Ich glaube, dass man etwas tun muss, um glücklich zu werden.« Ron Dennis fordert immer das Beste, und er fordert dadurch viele heraus. »Aber dafür muss ich mich wohl nicht entschuldigen.« Nichts Schlimmeres gibt es für ihn, als nach einer Niederlage zurück ins Städtchen zu kommen: »Es tut weh, wenn sie dich alle angucken, der Metzger, der Bäcker, der Friseur – und du kannst dich nicht verstecken.« Das erklärt seine ewige Flucht nach vorn, um jeden Preis, in dem zunächst merkwürdig anmutenden Satz: »Zuversicht ist eine Schwäche.« Bruce McLaren hätte es vielleicht andersherum ausgedrückt. Aber am Erfolg unter seinem Namen hätte er garantiert nichts auszusetzen gehabt.

Nobody is perfect: Auch ein McLaren bleibt mal stehen – hier muss Alain Prost 1986 beim Großen Preis von Deutschland schieben.

Dusch das: Beim Großen Preis von Spanien 1989 wird Mansour Ojjeh von Mika Häkkinen nass gemacht.

Stern-Fahrer: Mercedes-Vorstand Jürgen Hubbert (links) und Motorsportchef Norbert Haug bringen die Stuttgarter Marke Mitte der 1990er-Jahre wieder in die Formel 1.

Der Taktierende

Max Mosley: Ein Anwalt nicht nur im Namen des Sports, der Teams, Bernie Ecclestones – sondern auch seiner selbst

Das Lächeln ist es, das Max Mosley von vielen anderen Mächtigen des Sports unterscheidet. Es signalisiert stets eine vornehme Schüchternheit. Aber wehe, wenn die Lippen von Mister President zum schmalen Strich werden. Dann haben die Gegner nichts mehr zu Lachen. Max Rufus Mosley weiß wie kein anderer, dass ein selbstsüchtiges Gewerbe wie die Formel 1 nur an der kurzen Leine zu führen ist, wenn überhaupt. Bei seiner Machtübernahme als Präsident des Automobilweltverbandes FIA hat er sich sein Insiderwissen zunutze gemacht. Denn Mosley stand lange auf der anderen Seite. Als jungen Teamchef von March hat Ferdi Kräling ihn 1969 kennengelernt: »In seinem Umfeld herrschte immer eine ganz lockere Atmosphäre, das hatte auch mit der Verbindung zu seinem Fahrer Striezel Stuck zu tun. Max war damals durchaus der Typ, mit dem man auch nachts um die Häuser ziehen konnte.«

Der Sohn von Sir Oswald Mosley, dem Gründer der englischen Faschistenpartei, findet nach der Internatszeit in Frankreich und Deutschland auch in seinem Heimatland endlich ein Betätigungsfeld, in dem sein Familienname keine Rolle spielt. Er hat Spaß am Schnellfahren und frönt nach dem Jurastudium der Leidenschaft in Klubrennen. 1968 schafft er sogar den Sprung in die Formel 2, wird Teamkollege von Piers Courage im Team von Frank Williams. Der Weitblick und die Konsequenz in der Entscheidung, die ihm eigen sind, bringen ihn bald zu der Einsicht, dass außerhalb des Cockpits eine größere Karriere warte. Ein Jahr später gründet er mit Robin Herd, Alan Rees und Graham Coaker das March-Team. March wird geschätzt für seinen Rennwagenbau, kommt aber als Rennstall

Entspannung: Die Tickets für den ersten Besuch eines Rennens bekommt Mosley von seiner Frau geschenkt.

Ein Mann, drei Buchstaben: Max Mosley als FIA-Präsident.

selbst nie so richtig in die Gänge. Mosley denkt schon wieder über den Firmenhorizont hinaus: Er findet mehr und mehr Gefallen an der Arbeit für die Konstrukteursvereinigung FOCA. Das mag auch an einem anderen starken Charakter liegen, der Machtpotenziale schätzt: In den frühen 1970er-Jahren wird das Fundament für die Männerfreundschaft zwischen Max Mosley und Bernie Ecclestone gelegt.

Der Doppelpass kommt über Jahrzehnte gut an. Wo Ecclestone hemdsärmelig poltert, gibt Mosley den wohlerzogenen, intelligenten Gentleman. Als sich March 1977 aus der Formel 1 zurückzieht, wird Mosley zum Anwalt der FOCA und lässt sich in die Kommission des Automobilsportverbandes FISA wählen. Dort bekommen die Funktionäre schnell zu spüren, mit welcher Konsequenz Mosley seine Ziele verfolgt. Viel später verrät der Brite einmal, was er überhaupt nicht leiden kann: »Ich möchte wie jeder Mensch ein ruhiges Leben führen, aber ich reagiere allergisch, wenn man mich herumstößt. Es liegt in meiner Natur, das nicht zu akzeptieren. Ich weiche dann nicht zurück.« Bei all seiner Nonchalance – Kampfgeist und Risikovermögen sind stark ausgeprägt. Nicht von ungefähr hält er Muhammad Ali für den größten Menschen auf dem Planeten. Anfang der 1980er-Jahre, als das Ringen zwischen FISA und FOCA fast die Formel 1 sprengt, wird Mosley einer der Architekten des Concorde Agreements, das bis heute eine Art Grundgesetz der Königsklasse ist. Danach macht er Pause von der Formel 1, um 1986 als Präsident der Konstrukteurskommission des Dachverbandes FIA zurückzukehren.

Er fordert den ebenso unbeliebten wie unberechenbaren Sportpräsidenten Jean-Marie Balestre heraus und gewinnt die Stichwahl gegen den umstrittenen Franzosen mit 43:29. Sympathie bringt ihm der Vorschlag ein, sich nur für ein Jahr wählen zu lassen und sich dann einer Bewertung der Leistungen zu stellen. Zwölf Monate später wird er für vier Jahre im Amt bestätigt, und nach der Verschmelzung von FISA und FIA wird er im Oktober 1993 zum Präsidenten des Gesamtverbandes. Versuche, als oberster Vertreter aller Autofahrer, doch noch eine politische Karriere auf europäischer Ebene zu machen, scheitern allerdings. Mosley hat nach dem Tod von Ayrton Senna in Imola 1994 ohnehin alle Hände voll damit zu tun, der Formel 1 ein neues Sicherheitsbewusstsein und damit auch ein besseres Image zu verschaffen. Das gelingt ihm bravourös, auch wenn es ihm an Anfeindungen nicht fehlt –mal aus dem Kreise der Teamchefs, namentlich seiner alten Rivalen Ron Dennis und Jackie Stewart, mal von den Automobilkonzernen. Ihnen stößt die Allmacht Mosleys auf, der kurzfristig die Regeln ändern kann. Aber die Achse Mosley-Ecclestone hält. Die, die früher die Eintracht der Rennställe beschworen haben, profitieren nun von der Uneinigkeit der Teams. Druck und Gegendruck bestimmen das Klima, und seine Gegner verpassen ihm den wenig schmeichelhaften Spitznamen »Mad Max«.

Aber der kann einstecken – und auch austeilen. Auf das Ehrenamt ist er nicht angewiesen, das gibt ihm Souveränität. Immer dann, wenn die internen Kämpfe in der Formel 1 sich zuspitzen, zeigt er keine Angst vor der Zukunft, und pflegt zu bemerken: »Die Situation, als Ayrton Senna starb, war wesentlich härter.« Mit dem geschickten Spiel, die Öffentlichkeit zuzulassen, wo sie nützt, aber auszuschließen, wo sie schadet, wird Mosley eine Art moralische Instanz des Motorsports. Bis zu jenem Tag 2008, an dem ein heimlich aufgenommenes Sexvideo veröffentlicht wird.

Männer-Bündnis: Mosley im Kreise der March-Gründer (Zweiter von links) und mit seinem langjährigen Weggefährten Bernie Ecclestone.

Gepflegte Eitelkeit: Jean-Marie Balestre lebt als FISA-Präsident sein Ego aus – bis Mosley ihn ablöst.

Der Steuermann und der Mann am Steuer: Nelson Piquet und Manager Bernie Ecclestone

Der Mächtige

Bernie Ecclestone hat die Formel 1 mit einem Grundprinzip zu dem gemacht, was sie heute ist: Ein Mann, ein Wort

Vier Jahre lang wartet der Fotograf eines britischen Magazins auf den Termin mit Charles Bernard Ecclestone. Rechtzeitig vor dem Geburtstag des Formel 1-Herrschers ist es dann endlich so weit. Keck fragt der Star-Lichtbildner den Gebieter: »Könnten Sie vielleicht etwas lächeln ...?« Ecclestone antwortet mit versteinertem Gesicht: »Sie sollten mich erst mal sehen, wenn ich wirklich nicht gut drauf bin ...« (Renn-)Gott, bewahre! Solche Momente des Donnergrollens fürchten sie im Fahrerlager der Formel 1, wo die Parzellen penibler aufgeteilt sind als in jeder deutschen Kleingärtnerkolonie. Nur einer parkt, wo und wie er will, und stellt sich dabei meistens quer. Ganz bewusst. Nämlich der, der immer bestimmt, wo es langgeht im inneren Zirkel des Top-Motorsports – und jeden anderen Falschparker abkassieren lässt. Dass Bernie Ecclestone diesem Buch sein Geleit gibt, hat auch damit zu tun, dass es in beinahe jedem Kapitel etwas abbildet, das mit seinem Werdegang, mit seinen Entscheidungen, mit seinem Schicksal zu tun hat. Die Formel 1, die wir seit 40 Jahren kennen, ist in weiten Teilen eine Formel Ecclestone.

Fingerzeige: Max Mosley und Bernie Ecclestone beherrschen den Doppelpass auch verbal. Ecclestone beginnt als Brabham-Teamchef und zählt Carlos Reutemann zu seinen Top-Fahrern.

Schmächtig, aber mächtig gebietet Charles Bernard Ecclestone seit mehr als drei Jahrzehnten über die Königsklasse, den Spitznamen »Zampano« trägt er wie einen Adelstitel. Wer was auf sich hält in der Formel 1, darf ihn Bernie nennen. Seine Mitarbeiter sprechen respektvoll von Mister E. Und seine Gegner dehnen den Anfangsbuchstaben des Nachnamens so, dass es wie ein »iiih« klingt. Der Zugang ins Allerheiligste, die Hydraulikschleuse zu seinem feudalen Reisebus, ist per Code gesichert. Aus dem Abteil oben kann Ecclestone auf alle herabsehen – auch auf Könige und Konzernchefs. Im hochgelegenen Konferenzraum des Busses vermuten viele ein Schaltpult wie in James-Bond-Streifen, und stellt sich genüsslich vor, wie Ecclestone hier wie bei einer Carrerabahn Formel 1 spielt. Als wir ihm begegnen, ist er wirklich am Drücker. Goldfinger, also doch!? Aber der Mann kämpft einfach nur mit der komplizierten Fernbedienung für seine Monitorwand. Handschlag-Geschäfte sind ihm lieber.

Typisch Bernie: Auch im zarten Alter von weit über 70 geht er keinem guten Geschäft, keinem Poker, keinem Risiko aus dem Weg. Er kokettiert mit seiner Macht, verpackt seine Botschaften zwischen britischem Humor und feinster Ironie, und er nutzt seinen Mythos stets gewinnsteigernd. Wer überhaupt könnte sich die Formel 1 ohne ihn vorstellen? Das passende Zitat hat er selbst parat:

parmalat
parmalat

Was seinen Reichtum angeht, pflegt Bernie Ecclestone eine ganz private Relativitätstheorie: »Ich bin bescheiden. Ich brauche mein Steak, meinen Salat, meinen Hubschrauber und meinen Lear-Jet.« Die Formel 1 und ihr Fahrerlager braucht er allerdings am meisten.

»Eines Tages wird man mich mit den Füßen voraus aus dem Fahrerlager tragen müssen.« Er ahnt auch, was danach wohl kommt: »Wenn ich einmal nicht mehr da bin, schlagen sich die Leute vermutlich die Köpfe ein.« Deshalb arbeitet er so unermüdlich an seinem Lebenswerk, dass Gattin Slavica klagt: »Bernie kann nicht zwei Minuten gemütlich auf dem Sofa sitzen, selbst in den Ferien nicht. Einfach mal so ein Glas Wein trinken – vergiss es.« Seine drei 1999 gelegten Bypässe trägt er wie Orden.

Wenn es um Führungsqualitäten geht, pflegt der Mann, der die Formel 1 zu einer Formel Umsatz strukturiert hat, einen sehr eigenen Stil. Diesen »gesunde Härte« zu nennen, wäre untertrieben. Anfang der 1970er-Jahre, als der ehemalige Gebrauchtwagenhändler mit der Übernahme des maroden Brabham-Rennstalls gerade den Grundstein für sein heutiges Imperium gelegt hatte, ertappte er einen Mechaniker, wie dieser mit einem Schraubenschlüssel auf die Werkbank eindrosch. Teamchef E. soll sich wortlos den nächsten Hammer gegriffen haben, auf den Firmenparkplatz marschiert sein und dem Privatwagen des Monteurs eine ordentliche Beule verpasst haben. Die drastische erzieherische Maßnahme verdeutlicht sein Credo: Wie du mir, so ich dir ...

Ein echter Hardliner also. Und dann das, eine völlig andere Seite des Menschen Ecclestone. Nesthäkchen Tamara, eine von drei Töchtern, entblättert sich nicht nur in einem britischen Magazin, sie enthüllt dort noch Erstaunlicheres aus dem heimischen Palast: »Vater ist bei der Arbeit der Chef, aber Mutter herrscht über unser Nest. Allabendlich spült Dad die Töpfe und trocknet das Geschirr ab.« Schwester Petra verrät dazu: »Papa geht einfach nie aus. Er hasst Menschen, Partys, Smalltalks. Aber er ist lieb, gar kein Monster, wie immer alle denken. Ich beneide ihn um seine konsequente Ignoranz. Es ist ihm so egal, was andere denken.« Da muss ja Charme sein, sonst wäre ihm die 28 Jahre jüngere Slavica, ein ehemaliges Armani-Model, kaum so verfallen: »Ich würde ihn für nichts in der Welt eintauschen.« Selbst der vorsintflutliche Haarschnitt tut der Liebe keinen Abbruch: »Damit habe ich ihn schon kennengelernt.« Das war vor einem Vierteljahrhundert beim Rennen in Monza, die Kroatin war gerade mal 24. Sie konnte kein Englisch und gab ihm eine falsche Telefonnummer – zwei Jahre später waren sie verheiratet. Wenn Bernie etwas durchsetzen will, dann tut er das – ob es um Models geht oder gegen Manager.

Trau, schau, wem: Einem guten Geschäft ist Bernie Ecclestone noch selten aus dem Weg gegangen.

Aber ganz allein könnte er sein Renngeschäft auch nicht stemmen. Es gibt eine Menge Menschen in der Formel 1, die gut mit ihm gefahren sind. Selbst die meisten Gegner erkennen an, dass es ohne ihn wohl nicht gehen würde. Sein Managementstil basiert auf einem einfachen Prinzip: Er unterteilt die Welt in Freund und Feind.

Vor über einem Vierteljahrhundert bringt der selbst eher erfolglose Rennfahrer alle Rennstallbesitzer an einen Tisch und macht ihnen klar, dass sie nur gemeinsam stark seien. Ecclestone vertritt das Brabham-Team, nachdem er zuvor den Österreicher Jochen Rindt gemanagt hatte. Die Konstrukteursvereinigung FOCA (Formula One Constructors Association) wird gegründet, und sie liegt sofort im Clinch mit dem Automobilweltverband FIA. Damals heißt der Anwalt seines Vertrauens Max Mosley, der später als FIA-Präsident den Doppelpass pflegt. 1987 verkauft Ecclestone Brabham und widmet sich nur noch der Vermarktung der Formel 1. Und aus der FOCA wurde die FOA, ein allumfassendes und verschlungenes Firmengeflecht, das am Ende wohl Ecclestone befehligt. Der behauptet aber mit Unschuldsmiene: »Mir gehört nichts«. Rein rechtlich mag da sogar was dran sein, denn das Vermögen ist treuhänderisch bei seiner Frau und den Kindern angesiedelt. Es soll sich auf über drei Milliarden Euro belaufen. »Geld bedeutet mir nichts«, bemerkt er dazu gern. Von manchem Landsmann wird Ecclestone allen Ernstes immer noch verdächtigt, den Fluchtwagen für die berühmten britischen Posträuber gefahren zu haben – nur weil er eine Nachbildung des Zuges in seinem Bürogebäude im noblen Londoner Stadtteil Kensington stehen hatte. Absurd zwar, aber den Mythos steigert es noch. Richtige Schlagzeilen über sich hasst er.

Schon früh hat der smarte Brite, der seine ersten Pennys mit dem Verkauf von Pausenbroten in der Schule machte, den wahren Wert des Rennsports erkannt: Werbung und Fernsehrechte. Die Idee verkauft er bis heute jedes Jahr aufs Neue, auch in immer neue Absätzmärkte: »Wir haben das Glück, dass die Formel 1 sowohl etwas vom Sport als auch von der Show hat. Das bringt Aufregung und Glamour mit sich.« Viele in der Formel 1 sind mit ihm reich geworden. Wer mit ihm fährt, fährt gut. Wer gegen ihn fahren will, fährt gegen eine Wand. Aber es sind nur wenige, die sich dem Crashtest freiwillig unterziehen. Die Autokratie funktioniert.

Geld allein kann längst nicht mehr seine Motivation sein. Ist es also Macht? Einem vertrauten deutschen Journalisten erklärte er seine Selbstbeschleunigung so: »Ich sehe etwas, glaube, dass ich es besser machen kann, und nehme die Herausforderung an.« Das hat ihn früher schon zum Backgammon-König gemacht. Der kleine Vorsitzende ist ein Ja/Nein-Mensch, ein »vielleicht« gibt es nicht. Mit Kritik kann er gut leben, den offenen Schlagabtausch liebt er sogar. Ecclestone hantiert mit einer Selbstsicherheit, die auch daher rührt, dass meistens er es ist, der die Spielregeln festlegt.

Er trägt altmodische weiße Hemden und einfache schwarze Hosen, dazu eine Brille, die bei Fielmann längst aus dem Sortiment geworfen worden wäre. Auf die Frage, was ihm wichtiger wäre, eine Million Freunde zu haben oder eine Million Dollar, bekannte er: »Eine Million Freunde, die mir jeder einen Dollar schenken ...« Ansonsten aber gibt er den Gentleman: »Über Geld und die letzte Nacht spreche ich nie ...«

Meine Familie und ich: die Chronik der Ecclestones im Zeitraffer – Bernie, Petra, Slavica und Tamara auf offiziellen und weniger offiziellen Bildern.

Der Ominöse

Don Nichols ist – ganz wie der Rennstallname Shadow verspricht – ein Schattenmann

Am Sieg geschnuppert: Jean-Pierre Jarier (ganz rechts) ist 1975 in Brasilien mit dem Shadow Trainingsschnellster, aber der Sieg geht an Carlos Pace. Links neben Jarier Lauda, Fittipaldi und Reutemann.

Advanced Vehicle Systems, was für ein gewöhnlicher Name für einen ungewöhnlichen Menschen wie Don Nichols. Für die CanAm-Rennserie mag das ja genügt haben, aber für einen Amerikaner, der in der Formel 1 sein Glück (oder sonst was) sucht? Cowboyhut, langer Ziegenbart, Jeans mit Schlag – das Foto auf dieser Seite sagt eigentlich viel über Nichols aus. Und es fasziniert Ferdi Kräling bis heute: »Der Nichols hat kaum geredet, immer nur sein Auto angestarrt, als könnte er es nur vom stundenlangen Hingucken schneller machen. Manchmal hat er aber auch nur in die Gegend geguckt, als suche er eine Rinderherde in der Prärie.« Ein echter Abenteurer also.

Dafür, dass Don Nichols zu den mysteriösesten Charakteren der Formel 1 gezählt wird, sorgt schon seine Vita: Nie verstummen wollen die Gerüchte, dass er in den 1950er-Jahren als Agent für die CIA im Fernen Osten gearbeitet hat. Im Korea- und Vietnamkrieg taucht jeweils ein Major Nichols auf, aber die US-Armee hält die Dokumente unter Verschluss. Gesichert ist nur, dass er in den 1960er-Jahren als Reifenhändler in Japan tätig ist und nebenbei als Berater im Rennstreckenbau. Als er in Kalifornien seinen Rennstall gründet, wählt er als Wappen einen Mann mit langem Mantel – die Schatten-Legende ist geboren. Heute würde man sagen: ein genialer PR-Trick. Damals reicht es, wenn der Exzentriker Nichols einfach an der Rennstrecke erscheint.

Aus der CanAm-Serie, in der der Engländer Jackie Oliver für ihn erfolgreich ist, wagt Shadow 1973 den Sprung in die Formel 1, mit den Sponsorengeldern einer britischen Ölfirma. Das Know-how für den Sport der Europäer holt er sich ebenfalls auf der Insel, Designer Tony Southgate von BRM, Teammanager Alan Rees von March. Das Team bringt sogar drei Autos an den Start, das dritte steuert Graham Hill in Embassy-Farben. Es gibt gleich im ersten Rennen Punkte, am Jahresende steht der achte Platz in der Weltmeisterschaft. Mit Peter Revson soll 1974 der erste Sieg eingefahren werden, doch bei einer Testfahrt in Südafrika bricht eine Aufhängung, Revson stirbt in den Leitplanken. Den Erfolg, der Revson verwehrt bleibt, holt im Jahr darauf der Waliser Tom Pryce beim »Race of Champions«.

Erfolgreicher bleibt stets die amerikanische Dependance von Shadow, aber Nichols schließt den Rennstall. In der Formel 1 bleiben die großen Sponsorengelder und damit automatisch der große Erfolg aus. Und wieder wird 1977 das Rennen in Südafrika zum Desaster. Renzo Zorzis DN8 wirft nach einem Kurzschluss Flammen, ein Streckenposten rennt mit dem Feuerlöscher über die Piste und wird vom heranrasenden Pryce im zweiten Shadow erwischt – der Feuerlöscher trifft den Fahrer am Kopf, auch der Marshall stirbt.

Ein wilder Fahrerwechsel setzt bei Shadow ein. Der Australier Alan Jones gewinnt den österreichischen Grand Prix, dann fahren noch Zorzi, Riccardo Patrese, Jackie Oliver, Arturo Merzario und Jean-Paul Jarier für die Schattenmänner. Die Truppe zerbricht, eine Hälfte gründet unter der Führung Olivers das Arrows Team. Designer Southgate nimmt einfach die Pläne für seinen DN 9 (alle Shadow-Autos tragen das Kürzel des Teambesitzers) mit und baut ihn bei Arrows nach. Ein ziemlich erfolgreicher Rennwagen. Nichols gelingt vor Gericht ein Sieg über die Kopie. Was für eine Ironie: ein Spion, der einen Spionagefall aufdeckt …

Aber es soll der letzte nennenswerte Erfolg für Shadow sein. Nichols heuert Hans-Joachim Stuck und Clay Regazzoni an, aber das Geld wird 1978 richtig knapp. Jan Lammers und Elio de Angelis kaufen sich ins Cockpit ein. Der Überlebenskampf von Don Nichols währt bis 1980, dann verkauft er seinen Formel 1-Rennstall an den Chinesen Teddy Yip. Raus aus dem Schatten, rein in den Schatten.

Immer auf der Hut: Don Nichols reichert die Formel 1-Geschichte um ein schillerndes Kapitel an, dafür sorgt schon das ungewöhnliche Outfit.

Dunkles Auto: Von den 9,5 Punkten für Shadow im Jahre 1975 holt Jean-Pierre Jarier anderthalb.

Die Seriösen

Der Erfolg als Motorenlieferant reicht BMW nicht – es muss der Konstrukteurstitel sein

So ein Tag … Im Juni 2008 gelingt dem BMW-Werksteam in Montreal mit Robert Kubica der erste Formel 1-Sieg der Neuzeit unter eigenem Namen.

Kommandobrücke: Mario Theissen befehligt die BMW-Truppe der Neuzeit. Zunächst im Duo mit Gerhard Berger, dann auf eigene Verantwortung.

Präzisionsarbeit: Deutsche und Schweizer verstehen sich über das Klischee hinweg – auch beim Rennwagenbau.

Die Atmosphäre ist aufgeräumt, aufgeräumter könnte sie gar nicht sein. Mehr als drei Vorgänge gleichzeitig duldet der Mann nicht auf seinem Schreibtisch, aus Prinzip. Das geräumige Eckbüro am Münchner Anton-Ditt-Bogen wird beherrscht von Schwarz und Chrom. Die nüchternen Designermöbel (Schweizer Machart) und die Klarheit sind gewollt: Hier hat ein Techniker das Sagen. Es ist das Reich des Dr. Mario Theissen, dem Steuermann des konzerneigenen Formel 1-Teams von BMW.

Einer der Lieblingssätze von Mario Theissen, dem Motorsportdirektor von BMW lautet: »Am Ende ist alles Physik.« Aber im dritten Jahr als De-facto-Teamchef von BMW-Sauber kommt bei aller Überlegtheit, die die Überlegenheit ausmachen soll, auch die Emotion dazu. Nach 42 Anläufen gelingt dem BMW-Sauber-Rennstall der erste gemeinsame Grand-Prix-Sieg. Erfolge hatten die Bajuwaren schon in der Turbo-Ära mit den Tausendsassa-Motoren eines Paul Rosche eingefahren. Auch zur Jahrtausendwende mit Williams waren einzelne Erfolge gelungen. Aber auf Dauer war die Verbindung mit den Briten mehr Zweck als Ehe. Ganz anders die Bande zwischen BMW und Sauber – die Vernunft hat die Partner zueinandergebracht. Ein rettender Schritt – für beide Seiten. Das Hinwiler Team wäre allein auf Dauer nicht überlebensfähig gewesen, die deutsche Automarke sucht eine Perspektive – und findet sie in der Seelenverwandtschaft.

Die Verzahnung der Mentalitäten unter Doc Theissen, der in der Regel drei Tage seiner Arbeitswoche in Deutschland und zwei in der Schweiz verbringt, hat sich auch deshalb so gut angelassen, weil das Sauber-Areal im Oberland nicht bloß eine Filiale, sondern das Herzstück des Teams geblieben ist. Eine Mega-Rennfabrik, ein Hyper-Windkanal und ein Giga-Computer sowie eine äußerst effiziente Mannschaft tun dort Dienst. Der Erfolg von BMW und Sauber basiert neben dem gesteigerten Know-how und der nötigen Finanzkraft vor allem auf gegenseitiger Achtung. Sportliches Wachstum entsteht selbst in einer Sportart, in der man viel kaufen kann, nur durch Zusammenwachsen. Das spiegelt sich auch in der freundlichen Ausstrahlung wider.

Was für eine Ironie des Schicksals: In der Sauber-Frühgeschichte hatte Mercedes das Sagen – und trat auch so auf. Das Unternehmen war zum Scheitern verurteilt, die Stuttgarter Zuschüsse aber legten den Grundstein für Saubers eigene Formel 1-Expedition. BMW gibt einen Masterplan vor, auf dem als Zielvorgabe – natürlich – der WM-Titel steht.

Mario Theissen, wegen des sprachlichen Gleichklangs vom Box- und Boxenreporter Kai Ebel spaßeshalber schon mal »Mike« genannt, ist ein Kämpfer. Und – nicht nur was PS-Zahlen angeht – ein Verfechter der Leistungsgesellschaft: »Perfekt ist eine Leistung dann, wenn die gegebenen Mittel so eingesetzt werden, dass in der geforderten Zeit das beste Ergebnis erzielt werden kann.« Der promovierte Ingenieur mag das Umfeld seines Arbeitsplatzes, schnelles Reaktionsvermögen inklusive: »Die Formel 1 ist eine einzigartige Kombination von Technik, Sport, Business und Show. In dieser Vielfalt steckt auch ihre Faszination.«

Die Frage nach der Erotik des Motorenbaus zeigt, dass Techniker Theissen alles andere als ein bloßer Technokrat ist. Er gluckst, wenn er gesteht: »Ich liebe meine Frau und nicht die Motoren.« Aber das Liebevolle bestimmt seine Arbeit, gleichwohl er es nicht so ausdrücken würde. »Präzision« und »Perfektion« sind die Vokabeln, die er dafür wählt: »Für mich ist es wichtig, den eigenen Weg im Kopf zu haben und diesen dann konsequent zu gehen.«

Auf die Dauer hilft nur (BMW-)Power: In der Turbo-Ära gewinnt das Münchner Aggregat 1983 den WM-Titel.

Die Bunten

Es sind immer die Menschen, die die Mentalität eines Teams ausmachen – nicht die Maschinen

Es mag Geltungssucht sein, Übermut und Überschwang oder der unerschütterliche Glaube an sich selbst und seine Ideen: Ein grundsätzliches Muster für den Beruf des Teamchefs gibt es nicht. Sie können Elektroniker, Skilehrer, Bankkaufleute, Marketingmenschen gewesen sein. Aber kaum stehen sie am Kommandostand, da wirkt das Benzin im Blut wie ein Aufputschmittel für alle Quereinsteiger. So ungewöhnlich die Wege in den Grand-Prix-Sport auch verlaufen sind, so vielfältig ist das Anforderungsprofil: Ein Teamchef muss Hauptbuchhalter, Personalchef, Materialversorger, Sponsorenpfleger, Talentsucher und, und, und in einem sein. Am Ende dieses vielfältigen Arbeitstages hat er viel für den Sport getan. Aber auch fürs Geschäft. Denn aus reinem Spaß an der Freude ist keiner in der Formel 1.

Denker-Stirn: Peter Sauber lässt sich mit Schweizer Gründlichkeit erfolgreich auf ein Abenteuer ein, das er nie gewollt hat.

Gipfel-Stürmer: Geld ist der Klebstoff des Erfolgs, mit dem Dietrich Mateschitz die Rennställe Red Bull Racing und ToroRosso in die Startaufstellung bringt.

Was für ein Leben – und Überleben. Wenn es denn gelingt. Die Summen sind in den Jahren immer höher geworden, aber der Kuchen auch kleiner. Ein großer Name, Erfolge in den Statistikbüchern, das zählt in einem Sport, der nur den Vorwärtsgang kennt, schon am nächsten Wochenende nicht mehr viel. So wie die Piloten ihre Rückspiegel nur als Zierde betrachten, leben auch die Teamchefs nur für den nächsten Erfolg. Arrows, Brabham, BRM, Ligier, March oder Minardi – aus den Augen, aus dem Sinn. Flavio Briatore, der vielleicht schillerndste Typ, der für einen Formel 1-Rennstall verantwortlich war, hat seine Lebens- und Teamphilosophie so zusammengefasst: »Ich würde nie grüne Bananen kaufen. Wer weiß denn schon, was in diesem Geschäft morgen passiert ...«

Briatore ist der perfekte Verkäufer für das Klischee, dass die moderne Formel 1 immer noch stark von Testosteron befüllt ist und Rennen eigentlich nur gefahren werden, um den Mädchen auf der Galerie zu gefallen. Der Italiener, der Benetton und Michael Schumacher zum Erfolg treibt und daran ein Jahrzehnt später mit Renault und Fernando Alonso anknüpfen kann, hat vor allem eine dauerhafte Affäre – er will ganz vorn stehen. Damit sich die harte Arbeit am Erfolg und das Dolce Vita nicht ausschließen müssen, hat er sich in der englischen Renault-Rennfabrik neben sein Arbeitszimmer eine Speisekammer einrichten lassen, der italienische Hauskoch ist Ehrensache.

Eines unschönen Abends hat es bei Eddie Jordan geklingelt. In doppeltem Sinne. Der Mann, der vor der Tür stand, war Gerichtsvollzieher, und dem ambitionierten Formel 1-Teamchef wurde klar: Erfolg um jeden Preis zu suchen, ist zwar ein ziemlich sportlicher Ansatz, unternehmerisch gedacht aber manchmal auch ein ziemlich verheerender. Jordan, der 1991 mit seinem neuen Rennstall auf Anhieb einen fünften Platz in der Formel 1-Weltmeisterschaft belegen kann, denkt von da an nur noch ans Verdienen. Irisch Moos. Die neue deutsche Rennfahrerwelle kommt da gerade recht: Ob Michael oder Ralf Schumacher, Heinz-Harald Frentzen und Nick Heidfeld – der Optionsscheinhandel mit talentierten Piloten ist ein netter Nebenerwerb. Ansonsten betreibt Jordan sein eigenes E-Business (wobei das E vornehmlich für Exzentrik steht). Wahlspruch: »Ich denke nicht, dass man mit strenger Miene durchs Leben gehen muss, nur um seriös zu wirken.« In die Gefahr kommt er selten, als Rockmusiker schmiert er sich so lange Gel ins Perückenhaar, bis die Sache – wirtschaftlich – wirklich zu heikel wird. Er verkauft zur rechten Zeit, und innerhalb von drei Jahren wechselt JordanF1 viermal Namen und Besitzer. Erst wird Midland daraus, dann Spyker, schließlich ForceIndia. Das Geld kommt mal aus Russland, Holland oder Indien.

Der Rhythmus, bei dem man einfach mit muss: Flavio Briatores Laufsteg ist die Boxengasse, hier mit Fisichella und Alonso, Eddie Jordan fühlt sich auf der Bühne (mit Chris de Burgh) genauso wohl.

Dietrich Mateschitz kann sich alles leisten, was er will: Yachten, Flugzeuge, Häuser, Autos. Aber das Imperium des Österreichers basiert nun mal auf einem Energiegetränk. Und welcher Sport würde dazu besser passen als die Formel 1? Er kauft sich 2004 das marode Jaguar-Team. Seither soll Red Bull auch einem Rennstall Flügel verleihen, und die ehrgeizige Racing-Idee lehrt den Milliardär zunächst etwas, das es für keinen Euro zu kaufen gibt: Geduld und Demut. Marketing und Management eigener Prägung hat er schnell heimisch gemacht im Fahrerlager, aber selbst durch die Verdoppelung des Budgets und die Adoption eines Zweit-Teams (ToroRosso) ist der Erfolg nicht so einfach an den Hörnern zu packen. Also leistet er sich nicht nur den Luxus einer eigenen Zeitung (»RedBulletin«), sondern auch den ketzerischen Ansatz: »Für mich existiert das Wort Kommerz nicht.«

Von den Initialen PS darf man sich nicht unbedingt täuschen lassen, auch davon nicht, dass im elterlichen Betrieb Verkehrsampeln hergestellt werden. »Ein Auto«, sagt Peter Sauber zum Thema mobile Leidenschaft, »ist für mich die schnellste Möglichkeit von A nach B zu kommen.« Auch wenn er das nicht immer so buchstabengetreu meint: Am schnellsten geht die Fortbewegung eben mit Rennwagen. So hat er Mercedes in den Rennsport der Neuzeit zurückgebracht, was der Züricher als eine seiner größten Lebensleistungen sieht. Ein Formel 1-Team in einem Land, in dem Rundstreckenrennen verboten sind, 13 Jahre lang am Leben zu erhalten – auch das ist mehr als eine seiner Montecristos wert. BMW führt sein Vermächtnis in der Glitzer-Formel weiter, die so gar nicht zum besonnenen Sauber passen wollte: »Die ersten Schritte sind mir nicht leicht gefallen. Diese Art des Arbeitens im Schaufenster habe ich nie gesucht. Aber wenn man Ja sagt zu etwas Neuem, muss man akzeptieren wie es ist. Ich gehe ohne Vorurteile an die Sache ran. Aber mit meinen Vorsätzen.« Dem Sport allein will er nicht trauen. Sein Merksatz lautet: »Erfolg kann man nicht kaufen, aber man braucht Geld, um Erfolg haben zu können.«

Zweieinhalb Prozent der Fahrergehälter gehen für die Versicherung drauf, das liegt am hohen Berufsrisiko. Rennfahrer wissen genau, was sie tun – und was sie riskieren. Steuern können sie das nicht immer selbst. Die größte und beste Veränderung in vier Jahrzehnten Formel 1 ist deshalb die Revolution bei den Sicherheitsmaßnahmen.

Mit Sicherheit

»Warum fragt man mich immer nach dem Sterben«, sagt Ayrton Senna und will dabei vorwurfsvoll klingen. Dabei weiß er es genau, und auch er, der sonst so Furchtlose, hat vielleicht nur Angst vor der Antwort. Das Leben eines Rennfahrers spielt sich in Tausendstelsekunden ab, das Sterben leider auch. Es ist die harte, die traurige, aber die nackte Wahrheit des Motorsports. Jeder, der sich ins Cockpit setzt, ist bereit, alles zu geben – bis zu seinem Leben.

Immer, wenn die Tragödie ihren Lauf nimmt, davon zeugen auch viele der Porträts, die in diesem Buch noch folgen, beruhigen sich die Hinterbliebenen im Fahrerlager mit einer Formel, die mehr ist als bloße Floskel: »Das, was seinem Leben einem Sinn gegeben hat, gibt vielleicht auch seinem Tod einen Sinn.« An Anteilnahme hat es zu keiner Zeit gemangelt bei den Kollegen, bei den Zuschauern. Aber der Begriff Berufsrisiko hat dazu beigetragen, dass man die schweren Unfälle und die Folgen mangelhafter Sicherheitsbemühungen einfach in Kauf genommen hat. Nicht ausgeschlossen, dass mancher es auch für wahres Heldentum hält. Aber das ist Nonsens. Dennoch ist der Glaube an die eigene Unverwundbarkeit, vor allem in den 1960er- und 1970er-Jahren eine beinahe unerlässliche Voraussetzung für die Ausübung des Rennfahrerberufes. Manfred Winkelhock, dem diese Gläubigkeit am Ende und nach der Verkettung unglücklicher Umstände in einem Sportwagen zum Verhängnis wurde, hat es drastisch so formuliert: »Solange der Spaß am Fahren größer ist als die Angst vor dem Tod, mache ich weiter.«

Die Ansichten über das Glücksrittertum haben sich spätestens mit den öffentlichen Tragödien – der Feuerunfall Laudas, der Tod Ayrton Sennas – drastisch geändert, und endlich auch bei Funktionären und Konstrukteuren. Die vermeidbaren, die unnötigen, die leichtsinnigen Mängel wurden Zug um Zug abgeschafft. Wissenschaftliche Erkenntnisse werden ermittelt, sie werden ernst genommen, und sie werden angewandt. Die letzten anderthalb Jahrzehnte haben, ganz wie im richtigen Straßenverkehr, die Formel 1 sicherer gemacht denn je. Immer im Wissen, dass es absolute Sicherheit nicht geben kann – auch wenn die Materialien immer noch fester werden. Der Mensch ist das Zerbrechlichste im Rennsport, daran wird sich auch nichts ändern. Ayrton Senna hat darum gewusst: »Eine Sache, die unser Leben als Rennfahrer prägt, ist, dass wir sehr viel in kurzer Zeit tun. Wir leben also sehr intensiv. Und wenn man sehr intensiv lebt, passieren alle Dinge sehr schnell. Deshalb ist es dann sehr leicht möglich, unter all dem Druck Fehler zu machen. Das ist die große Herausforderung in der Formel 1: trotzdem immer gut, positiv, konstruktiv zu sein.« Das Bewusstsein im Unterbewusstsein.

Wagemut und Übermut sind dem Wunsch nach größtmöglicher Sicherheit gewichen, auch die Öffentlichkeit erwartet das von der Formel 1. In den 1970er-Jahren steht die Sicherheit der Autos im Vordergrund, in den 1980ern ist die Entwicklung des Monocoques durch McLaren der größte Fortschritt, parallel wird schrittweise die Infrastruktur an den Strecken durch Leitplanken, Fangzäune und Hubschrauber verbessert. Die 1990er konzentrieren sich auf den direkten Schutz der Fahrer, die Standards werden von Saison zu Saison höher, und nach schweren Unfällen wird sofort reagiert.

Formel 1-Piloten wird ein großer Verdrängungsmechanismus nachgesagt, aber diejenigen, die wirklich mit selbst Geschehenem oder auch nur Gesehenem fertig werden, die verarbeiten das. Meistens, in dem sie detailbesessen Ursachenforschung von Unfällen betreiben, wie es sonst nur bei Flugzeugabstürzen geschieht. Die technische Erklärbarkeit, verbunden mit der Wahrscheinlichkeitsrechnung, hilft ihnen, dass sie wieder ins Cockpit steigen und richtig Gas geben können. Nigel Mansell verrät ehrlich, was ihn zum Champion gemacht hat: »Ein bisschen Glück. Ohne das ist alles vergeblich.« Niki Lauda attestiert: »Den Tod, den kannst du aus der Formel 1 niemals vertreiben. Je länger nichts passiert, desto größer ist das Glück.«

Schwarze Stunde: Marc Donohue stirbt nach den Unfallfolgen 1975 beim Warm-up zum Großen Preis von Österreich in einem Penske PC-1-Ford V8.

Mit Sicherheit kann nach 40 Jahren Formel 1 auch heute noch nur das behauptet werden, was auf der Rückseite der Eintrittskarten steht: Motorsport is dangerous.

Gefährliche Zeiten: Jacky Ickx im Brabham BT26-Ford V8 beim Großen Preis von Spanien.

Zerbrechliche Formel 2:
Wie die Formel 1 war auch
die Formel 2 sehr zerbrech-

Wagemut und manchmal auch Übermut bestimmen die Geschichte des Motorsports. Es dauert ein Weilchen, bis auch der Mut zu mehr Sicherheit reifte. Um auf die Formel »Safety first« zu kommen, geschehen leider (zu) viele Tragödien.

Heller Rauch, aber ein düsteres Zeichen: 1967 steht nach der dritten Runde beim Großen Preis von Monaco Lorenzo Bandinis Ferrari in Flammen. Drei Tage später stirbt der Italiener.

Kleines Inferno: die Folgen einer Kollision von Jacky Ickx im Ferrari und Jackie Olivers Yardley 1970 in Jarama bei Madrid. Die Hilflosigkeit der Streckenposten führt zum Chaos.

Letzte Ruhe: Jim Clark stirbt 1968 im Wald von Hockenheim.

Dem Unglück entgegen: Ein Felgenbruch am Porsche F1 wird dem Grafen de Beaufort 1964 beim Abschlusstraining auf dem Nürburgring zum Verhängnis.

Aus in den Leitplanken: Graham Hill im Lotus 49B-Ford V8 beim Großen Preis von Spanien 1969.

Trauriger Rest: mehr bleibt nicht übrig von Gilles Villeneuves Ferrari 1982 in Belgien.

Einfach nur makaber: Tom Price ist nach der Kollision mit dem Feuerlöscher eines Streckenpostens schon tot, als er in Kyalami am Ende der Zielgeraden noch mit Jacques Lafitte kollidiert.

Leid-Planken: Die mangelhaften Verschraubungen sind nicht der einzige Mangel, den die Stadt-Rennstrecke von Barcelona hat. Die Vorzeichen sind lebensgefährlich vor diesem Grand Prix, und leider bewahrheiten sie sich.

Schrittweise gegen das Schicksal: Jody Scheckter, Graham Hill, Emerson Fittipaldi und James Hunt diskutierten bei der Streckenbegehung die Taktik der Fahrer.

Das Drama vom Montjuich

Ein Drama nimmt seinen Lauf: Rolf Stommelen liegt mit dem Lola des Graham-Hill-Teams in der 29. Runde auf dem späteren Olympiaberg Montjuich in Führung. Plötzlich brechen die Verstrebungen am Heckflügel des Rennwagens, das Auto hebt ab und rast in die Zuschauermenge. Fünf Menschen sterben, elf werden schwer verletzt.

Die Fahrer wollen streiken, die Teams fahren. Also greift Ken Tyrrell zur Selbsthilfe. Am Ende erhebt Fittipaldi zwar auf der ersten Runde die Faust, aber das Rennen geht los.

Aus dem Waldweg wird eine Rennstrecke: Großer Preis von Frankreich 1972.

Nicht alleingelassen: Wie ein einsamer Raser im Straßenverkehr wirkt die Piste beim Großen Preis von Deutschland 1966 auf dem Nürburgring (unten), während eine geradezu vorbildliche Rennstrecken-Beschilderung 2004 in Monza (rechts) nahezu überall auf der Welt Programm ist.

Aufsicht und Vorsicht: Nicht nur um weite Auslaufzonen kümmert sich Charlie Whiting, der permanente Renndirektor der modernen Formel 1.

Im Zaun verfangen: Bruce McLaren 1968 beim GP von Spanien.

Als Sicherheit noch ein Fremdwort ist: Mal katapultieren die Reifenstapel die Wagen und Fahrer wie René Arnoux über die Leitplanken – oder die Maschendrahtzäune verhindern eine schnelle Bergung. Es ist die Zeit, als der Motorsport unnötig viele Opfer findet.

Salto unfreiwillig: Andrea de Cesaris in Imola (links) und Pedro Diniz auf dem Nürburgring.

Kopfüber – heute aber mit Verstand. Gerade bei Überschlägen droht den Piloten die größte Gefahr. Immer stärkere Materialien sollen das Schlimmste verhindern, wenn ein Rennwagen abhebt. Nicht minder wichtig ist die Verbesserung der Sicherheit an den Rennstrecken selbst.

Knautschzone: Von vorn, hinten und der Seite muss ein Rennwagen von Jahr zu Jahr stärkeren Crashtests genügen.

Schwarz sehen: Kohlefaser ist das ebenso leichte wie widerstandsfähige Material zum Bau der Sicherheitszelle für den Fahrer.

Durchblicker: Schon früh wird nicht nur Dennis Hulme klar, dass ein gutes Visier auch halten muss.

Hightech-Materialien sind längst nicht mehr den Rennwagen vorbehalten – die Forschung gilt mehr und mehr neuen Sicherheitsstandards.

Kopf-Arbeiter: Michael Schumacher ist Vorreiter für die Sicherheit und treibt die Entwicklung mit seinem Helmexperten Schuberth voran.

Kopf und Kragen: Seit 2003 ist HANS (Head and Neck Support) zum Schutz der Hals- und Nackenmuskulatur und der Wirbel Pflicht.

Hightech-Puzzle: Rechnet man die kleinsten Schräubchen und die Platinen der Elektronik mit, dann kann ein Formel 1-Rennwagen aus bis zu 10 000 Teilen bestehen, mehr als die Hälfte davon gehören zum Motor. Von Jahr zu Jahr werden nur etwa zehn Prozent der Teile wieder verwendet, der Rest ist neu konstruiert.

Vorher/nachher: Es gibt weitaus sorgfältigere Methoden, einen Rennwagen wieder auseinanderzunehmen als diese.

Die Formel 1 ist ein flüchtiges Geschäft, sie sucht bis zu 20-mal im Jahr das schnelle Glück überall auf der Welt. Ein rasender Zirkus, wenn man so will, der akribischer Vorbereitung und einer ausgeklügelten Logistik bedarf. Das Herz des Rennsports schlägt im Fahrerlager, das im Zwei-Wochen-Rhythmus an einem anderen Ort, aber immer auf die gleiche Weise schlägt.

Faszination Fahrerlager: das Herz der Formel 1

»Radio Fahrerlager« besitzt keine eigene Frequenz, aber eine unheimliche Reichweite. Auf der Quadratmeile hinter den Boxen pulsiert von donnerstags bis sonntags die Gerüchtebörse, und die Formel 1 kennt viele Wahrheiten. Der »Paddock« ist die zweite Manege neben der Rennstrecke. Übersetzt steht der Begriff für »Pferdekoppel«, aber weitere Vergleiche mit den Hunderten von Zweibeinern, die Einlass in die Sperrzone des Fahrerlagers bekommen haben, verkneifen wir uns. Nur so viel: Es gibt Prachthengste und Ackergäule, vor allem aber viele Händler.

Ihnen allen gehört die Meile der Eitelkeiten zwischen den penibel ausgerichteten Transportern und den mehrstöckigen Bewirtungstempeln der Rennställe. Wer zehn oder 20 Jahre lang nicht mehr im inneren Zirkel der Formel 1 gewesen ist, der wird sich auf einem anderen Planeten wähnen. Von der an ein Ferienlager für Erwachsene erinnernden Romantik ist kaum noch eine Spur vorhanden. Dagegen laufen reichlich Willis herum, die sich wichtig machen. Erste Regel auf dem Flanierasphalt: Nie die Sonnenbrille abnehmen und niemandem ausweichen. Es ist ein Spiel, bei dem es einen feinen Unterschied zwischen Machern und Wichtig-Machern gibt. Das Prinzip, nachdem »Radio Fahrerlager« sendet, erklärt Williams-Urgestein Patrick Head so: »Du setzt dich auf einen Drink mit jemand zusammen, und erzählst ihm, dass Ferrari das Reglement voll ausnutzt. Dann geht dein Gesprächspartner anschließend bei den Italienern essen und sagt vollmundig: Der Head behauptet übrigens, dass ihr betrügt ...«

Gearbeitet wird hier natürlich auch, und die Tausendschaft, die hier wirklich beruflich zuhause ist, die hat beinahe rund um die Uhr alle Hände voll zu tun: Zwischen Kisten und Kästen bleibt für die Köche und Mechaniker häufig nur ein kleiner Spielraum für die Knochenarbeit. Wo früher Pausenbrote wie in der Schule gereicht wurden, stehen heute Gourmethäppchen auf feinem Porzellan. Wer sich auskennt, der kann an vier verschiedenen Orten ein perfektes mehrgängiges Menü genießen: Zum Auftakt Sushi bei McLaren, Pasta bei Ferrari, Lammrücken bei Red Bull und den Nachtisch bei BMW. Und das Ganze auch noch für lau ...

Der Kudamm beim Sommerschlussverkauf wirkt beschaulich gegen den Auftrieb am Morgen vor dem Rennen. Dann kreuzen sich die Wege der Logistiker, die schon die Choreografie der Zugmaschinen und Frachtcontainer planen und erste Werkzeugkisten bereits verpacken lassen, mit denen der prominenten Gäste.

Das Plastikkärtchen mit Elektronikchip, das zum Passieren der Drehkreuze benötigt wird, ist für kein Geld der Welt zu kaufen. Bernie Ecclestone und die Teamchefs entscheiden, wer auf die PS-Party darf: Michael Douglas, Edwin Moses, Boris Becker oder der König von Spanien fühlen sich schon wie zuhause im Fahrerlager. Wer den Zirkus und seine Artisten einmal lieb gewonnen hat, der bleibt ihm treu.

Von Übergepäck kann keine Rede sein. Man nehme nur vier Chassis, sechs Motoren, 16 Räder, reichlich Ersatzteile und Werkzeugkisten, 50 Computerrechner, 100 Funkgeräte und auf jeden Fall zwei Kaffeemaschinen – pro Team und Grand Prix beträgt die Luftfracht schnell über 30 Tonnen. Und wenn ein Frontflügel erst kurz vorm Rennen fertig wird, dann fliegt er mit eigenem Business-Class-Ticket in der Passagiermaschine hinterher.

Wenn Rennwagen eine Reise tun ... | Logistik

Aufbocken, bitte: Mit zwei Metallschienen und einem Anhänger kommt man nicht mehr weit. Alles, was in die Boeing 747 soll, muss auf Paletten angeliefert werden.

Enthüllungs-Aktion: Christo hätte seine wahre Freude in der Formel 1 – sogar die Frachtcontainer verschwinden unter edlen Tüchern. Offenherzigkeit wie bei der Neuwagenanlieferung in einem Autohaus wollte man sich nur früher leisten.

Und jetzt noch die Rechtskurve ... : Was wie eine Szene aus einem altertümlichen Grand Prix von Belgien wirkt, ist nur der Beleg für ein großes Stück Improvisationstalent. Weil es in Spa-Francorchamps, Monte Carlo und Zandvoort keine vernünftigen Garagen gibt, um die Rennwagen zu warten, suchen sich die gewieften Teams Autowerkstätten in den nächstgelegenen Dörfern, um Quartier zu beziehen.

Massen-Andrang: Wie beim verkaufsoffenen Sonntag wird die Flaniermeile im Fahrerlager frequentiert – ordentlich in Reih und Glied stehen die Transporter Spalier.

Feld, Wald und Wiesen: Geparkt wird, wo Platz ist – das Fahrerlager anno 1972 im französischen Clermont-Ferrand.

Open Air: Der eigentliche Sport in der Formel 1 ist schon immer das Schrauben, nur die Rahmenbedingungen haben sich über die Jahrzehnte erheblich verändert. Vor, hinter und neben den Transportern wird Hand angelegt. Ein Ambiente, das bei jedem TÜV-Inspektor für Herzattacken sorgen würde. Aber fertig geworden sind sie immer. Na ja, meistens.

Vorfahren, bitte: Die Boxen im schwedischen Anderstorp sind nur angedeutete Garagen, kein Vergleich zu der Anlage von Barcelona heute.

Schräge Vögel: Effizienter als in Zandvoort 1970 lässt sich der Platz in der Boxengasse wirklich nicht mehr ausnutzen.

Alles nach Plane: Die Ferrari-Mechaniker trotzen 1974 dem Eifelwetter und den technischen Widrigkeiten.

Berg-Etappe: Den Hügel hinauf geht es in Brands Hatch. Manchmal sorgt die Topografie für zusätzliche Gemeinheiten in der Startphase.

Der ganze Gänsehaut-Faktor der Formel 1 wird schon auf den ersten hundert Metern jedes Rennens deutlich – der Weg bis zur ersten Kurve entscheidet häufig schon über Sieger und Besiegte. Eng wird es eigentlich immer, Rennstreckenbauer haben ein Händchen für Dramatik.

Den Bogen raus: Im Mega-Motodrom von Shanghai ist alles überdimensional – nicht nur die Bauwerke über der Start- und Zielgeraden, sondern auch der Platz auf der Piste selbst.

Mahl-Zeit: Das Gemeinschaftsgefühl der Formel 1-Truppe wird beim Mittagstisch gestärkt, vom Begriff »Catering« ist man in den 1970er-Jahren noch weit entfernt. Die Teamchefs nehmen wie selbstverständlich in der Garage Platz, für die Piloten gibt es im Verpflegungszelt keine Extrawürste. Clay Regazzoni beißt herzhaft ins Sandwich, Niki Lauda und Teamchef Audetto speisen in der Garage, Graham Hill am »gedeckten« Tisch.

Von Slow Food und Schnellgerichten | Catering

Ernährungs-Wissenschaft: Nicht nur BMW-Sauber sorgt für eine Rundumbetreuung seiner Piloten. Physiotherapeut Jo Leberer kümmert sich nicht bloß um die Fitness von Nick Heidfeld, er wacht auch über eine ausgewogene Ernährung. Die Müsli-Generation hat Einzug gehalten.

Kalt-Schale: Die schwimmende »Kühltruhe« von Ferrari – Champagner ist sicherheitshalber immer dabei.

Land-Partie: Eine friedliche Erdgeschoss-Welt zeigt der Große Preis von Ungarn 1992 in Budapest. Die ersten Leckerbissen für Fotografen und Journalisten gab es bei Ligier und Goodyear.

Mit dem neuen Millennium hat ein Bauboom ohnegleichen Einzug gehalten in der Formel 1. Mangels Ausdehnungsmöglichkeiten sind die Bewirtungsburgen in die Höhe geschossen. Zwei bis vier Stockwerke muss schon haben, wer etwas auf sich hält. Die Architektur ist Ausdruck einer Sportart am Limit.

Presse-Tisch: Klappstuhl und Stulle sind die Realität 1978 in Zandvoort.

Spiegel-Paläste: Ferrari und McLaren setzen ihr ewiges Duell auch in der Fahrerlager-Architektur fort: greller, höher, weiter. Es dauert bis zu fünf Tage, die mobilen Burgen auf- und wieder abzubauen.

Verpflegungs-Aufwand: Red Bull hat mit seinem offenen Haus einen neuen Fahrerlagertreff geschaffen.

Rennsport ist der permanente Versuch, Zeit zu gewinnen – obwohl es sie objektiv betrachtet nur zu verlieren gibt. Aber der Drang, auch noch die obersten Zehntausendstel einer Rundenzeit zu erobern, ist stärker. Zeit ist viel Geld in der Formel 1. Wer eine Sekunde gewinnen will, der muss dafür Millionen locker machen.

Zeitnahme

Wer im Motorsport nicht mit der Zeit geht, der geht mit der Zeit. Besser gesagt: Wer in der Entwicklung stehen bleibt, verliert. Wehe, wenn das die Uhren tun würden. Und so erklärt sich ein Stück weit die unheimlich große Faszination der Menschen im Fahrerlager für hochwertige Chronografen. Ohne Stoppuhr geht es einfach nicht, auch nicht im digitalen Zeitalter. Das Drücken der Start- und Stopptaste hat beinahe etwas Erotisches. Aber es gibt den Menschen an den Kommandoständen auch das Gefühl, dass sie selbst über die Zeit bestimmen können. Ein wunderbarer Trugschluss. Die Rennstrecken sind längst komplett mit Glasfaserkabeln ausgelegt, und jeder Rennwagen ist zu jederzeit nur eine flackernde Nummern- oder Buchstabenkombination auf den Kontrollbildschirmen. Unerbittlich, unbestechlich wird jede Runde in Bruchteile zerlegt.

Ganz so relativ, wie Einstein es sich erdacht hat (»Zeit ist, was man an der Uhr abliest«), ist es dann doch nicht ganz. Aber der nachdenkliche Ansatz hat schon was. Ob die Rennfahrer wohl wissen, dass, je schneller ein Körper sich bewegt, desto langsamer die Zeit in ihm vergeht? »Ein Rennfahrer hat ein anderes Zeitgefühl als andere Menschen. Er weiß genau, ohne dass er auf die Uhr schauen muss, ob er auf seiner Runde schneller oder langsamer war«, sagt Jack William Heuer, dessen Schweizer Firma die Zeitnahme in der Formel 1 professionalisiert hat. Erst als exklusiver Zeitnehmer für den Ferrari-Rennstall, dann für das ganze Feld. Präzision und Neutralität bringen die Schweizer ja schon von Haus aus mit.

Analog zu der Zeitnahme, die bald jeden Sektor der Rennstrecke auf ein Tausendstel genau abbilden und analysieren kann, verändert sich auch die Einstellung der Rennfahrer zu ihrem Beruf. Zu jener Zeit, als sich die Motorsportler immer mit einem Fuß im Grab wähnen, leben sie intensiver – weiß doch keiner, ob er das nächste Rennen überleben wird. Der Vorabend der Großen Preise wird zum Fest der Lebensfreude. Und der Abend nach dem Rennen erst recht. Seit Sport und Zeitmessung eine Wissenschaft für sich sind, haben sich auch die Charaktere der Rennfahrer verändert. Der analytische Verstand ist gefragt, die maximale Effizienz in den stundenlangen Briefings mit den Ingenieuren. Der Aufwand für den nächsten Bruchteil, den es zu gewinnen oder zu verlieren gibt, ist immens geworden. Auf das Gefühl kommt es neben der Rennstrecke immer weniger an. Wir wollen nicht klagen: Alles eben zu seiner Zeit.

Uhren-Vergleich: Colin Chapman und Jochen Rindt üben sich darin, Zeit zu nehmen.

Chronisten-Pflicht: Der unbekannte Zeitnehmer mag improvisierte Rahmenbedingungen haben, aber an seiner akribischen Arbeit dürfen keinerlei Zweifel bestehen.

Positions-Wechsel: Die Rennfahrer-Frauen Helen Stewart und Mariella Reininghaus (unten, von links) erledigen die Buchführung.

Zeit gelassen: Die persönliche Betreuerin von James Hunt sehnt den Moment herbei, in dem der Rennfahrer wieder ganz ihr gehört.

Informations-Flut: Gilt jetzt JPS oder P2 als entscheidender Hinweis?

Geht es nicht ein bisschen schneller: Bange Mienen der Ferraristi beim Großen Preis der USA in Long Beach.

Tabellen-Führer: Marc Surer hantiert noch mit einer Art Tippzettel, während heute die Zeitenmonitore bei jedem Garagenhalt vors Cockpit kommen.

1981 | 2007

Auf die lange Bank geschoben: Menschen und Monitore am Red Bull-Kommandostand.

Es gilt das gesprochene Wort: Filmreif erscheint die Darbietung, die Jochen Rindt und Richard von Frankenberg 1966 beim Großen Preis von Italien in Monza liefern. Aber auch aus dem unbewegten Bild spricht eine große Gelassenheit im Umgang miteinander.

Liege-Wagen: Jackie Stewart ist in der Badehose ebenso auskunftsfreudig wie Niki Lauda kurz vor dem Start.

Immer im Gespräch: Der Formel 1 lässt sich viel nachsagen, aber selbst wenn die Motoren mal schweigen, liefert sie noch reichlich Diskussionsstoff. Aus dem Miteinander von Sportlern und Journalisten wird leider mehr und mehr ein Gegeneinander von Medien und Marketing.

Viel-Sagend: Der Auftrieb um Fernando Alonso und Lewis Hamilton erreicht 2007 ein Höchstmaß der Zumutbarkeit – für Frager und Befragte.

Rennfahrer, das ist kein Beruf, den sich die Menschen aussuchen. Dieser Beruf wählt sich seine Menschen aus. Es sind besondere Typen, die es bis in die Königsklasse schaffen, jeder auf seine Art. Und jeder anders. Ein Kaleidoskop der Charaktere. Der eine verwegen, der andere verlegen, der eine nur mutig, der andere übermütig. Alle verbindet sie aber etwas: die Leidenschaft für die Formel 1.

Typen-Frage: die Piloten

In Rennfahrergesichtern lässt sich lesen wie in einem offenen Buch. Am spannendsten ist diese Lektüre, als es noch keine Visiere gibt. In den Minuten vor dem Start lässt sich beobachten, wie auch die coolsten Männer kleine Angstfältchen um die Augen haben, wie sich die Pupillen weiten und die Lippen zusammengekniffen sind vor Anspannung. Das sind die Fotos, von denen es heißt: Bilder sagen mehr als tausend Worte. Oder, wie es sich nur in Englisch so schön ausdrücken lässt: Every face tells a story.

Einer der großen Nachteile des Rennsports ist es, dass die Zuschauer ihren Helden so selten so nah kommen können wie beispielsweise ein Tennisfan seinem Idol. Es bleibt unsichtbar, wenn irrsinnige Fliehkräfte an den Körpern ziehen, wenn die Gesichtsmuskeln beim Rad-an-Rad-Duell erstarren, wenn der Schweiß beim letzten Bremspunkt am Ende der Geraden ausbricht.

Aber die Erlebnisse während des Rennens spiegeln sich manchmal noch Stunden nach dem gelungenen oder vergeblichen Tun in der Mimik wider. Dann gibt es die Gefühle, den Fotografen sei Dank, auch im Breitwandformat. Ausdrucksvoller geht es kaum. Worte können lügen, Augen nicht. Besondere Augenblicke besonderer Rennfahrer finden sich in der folgenden Galerie. Es sind die kleinen und großen Momente ihrer Karrieren, die ihnen den gebührenden Platz in diesem Buch bescheren.

Allesamt Ausnahmesportler, manche auch mit Ausnahme-Ego ausgestattet. Jeder bewältigt das Leben am Grenzbereich auf seine eigene Art, weshalb die Reihenfolge in keiner Weise eine Rangfolge sein soll. Die kann und darf sich jeder selbst bilden. Nicht nur der Erfolg, auch das Ausdrucksvermögen soll entscheiden.

So sieht Glück aus: Die Strapazen sind noch im Gesicht von Jim Clark abzulesen, der Erfolg aber auch.

In aller Offenheit: Pedro Rodriguez, Carlos Reutemann, Ludovico Scarfiotti, Mario Andretti, Dennis Hulme, Piers Courage, John Surtees, François Cevert, Chris Amon (von oben nach unten und von links nach rechts).

Verspiegel-Bild: Felipe Massa, Jarno Trulli, Fernando Alonso, Tonio Liuzzi, Ralf Schumacher und Nick Heidfeld besitzen Modellcharakter – vor allem für Sonnenbrillenmodelle.

So sehen ihn die Gegner: Jim Clark ist ein Rennfahrer, der selten die Bodenhaftung verliert, und wenn, dann nur zum Ziel der schnellsten Runde – wie mit dem Lotus 49- Ford V8 von 1967 im Brünnchen auf dem Nürburgring. Bodenständig, wie er als Typ ist, scheint er ansonsten fest mit seinem Rennwagen verwachsen.

Jim Clark Der Dramatische

Kann man einer Fahrerpersönlichkeit mit Statistik gerecht werden? Wird der Mensch Jim Clark plastisch, wenn er imponierende 25 seiner nur 72 Grand Prix gewonnen hat und 33-mal auf der Pole-Position stand, 1963 und 1965 Weltmeister geworden ist? Wird er natürlich nicht, aber es sagt was darüber aus, warum sein Verlust für die Rennsportwelt so herb war. Juan Manuel Fangio macht ihm in einem Nachruf das dickste Kompliment: »Jim war besser als ich.« Die Formel 1 hat einen Großen verloren, bevor er der Größte werden konnte. Ferdi Kräling sagt über Jim Clark: »Eine Hundertstel Sekunde kann man mit bloßem Auge nicht sehen, aber die Präzision eines Jim Clark ist mir sofort aufgefallen. Den Scheitelpunkt einer Kurve fuhr er immer auf den Zentimeter genau an – 30-mal hintereinander.«

Ein verregnetes Wochenende auf dem Hockenheimring wird Clark zum Verhängnis. Statt wie geplant sich ein paar Tage auf seiner Farm in Schottland zu erholen, geht er beim Formel 2-Rennen an den Start. Aber er kommt nie wieder aus dem Wald zurück, der Lotus zerschellt an einem Baum. Was in der fünften Runde auf dem Weg zur Ostkurve passiert ist, weiß keiner. Fahrfehler? Materialfehler? Die verbitterten Fans lasten den Unfalltod bis heute der Konstruktion von Colin Chapman an. Aber das Mysteriöse passt zur Legendenbildung um Clark, wie die bescheidenen Anfänge beim Traktorfahren auf den Weiden Schottlands. Dass darin wirklich die beste Ausbildung für eine Formel 1-Karriere liegt, darf bezweifelt werden – vielmehr stellt sich Jim Clark als das heraus, was man ein Naturtalent nennt. Es ist ein unauffälliger Fahrstil, den er pflegt, flüssig und rund – und ungemein erfolgreich.

Und auf der von der Natur geschaffenen Solitude-Rennstrecke von Stuttgart macht er 1960 richtig von sich reden, als er in der Formel 2 die versammelte Weltelite mit Wolfgang Graf Berghe von Trips, Joakim Bonnier, Graham Hill und Jack Brabham düpiert. Sein Formel 1-Einstand folgte noch im gleichen Jahr, und zusammen mit dem umstrittenen Lotus-Chef Chapman entsteht eines der charakteristischsten Erfolgsgespanne im Grand-Prix-Sport. Clark wird nie für ein anderes Team fahren als Lotus. Dass er seinen ersten Sieg auf der Berg- und Talbahn von Spa-Francorchamps einfahren kann, spricht Bände: Es ist der Ritterschlag für jeden Debütanten. Clark hält, was er verspricht: 1963 gewinnt er sieben von zehn Rennen und den Titel, zwei Jahre später steht er bereits im August als Champion fest und sichert sich auch den Sieg bei den 500 Meilen von Indianapolis. Die größte Niederlage setzte es 1967, als er in Monza in Führung liegend seinem dritten WM-Titel entgegensteuert, bis ihn ein Reifenwechsel an die Box zwingt. Erinnerungen an 1964 werden wach, als ihn ein Motorschaden das Championat kostet. Doch Clark stürzt sich mit einer Runde Rückstand ins Rennen, um sich wieder an die Spitze zu kämpfen, ehe sein Auto in der letzten Runde mit leerem Tank ausrollt. Es sind solche Dramen, die eine Legende leben lassen.

Runde Sache: Jim Clark holt in den 1960er-Jahren häufiger Siegerkränze als alle anderen Piloten.

Erfolgreich, dramatisch, zu kurz – so lässt sich in drei Schlagworten die Karriere von Jim Clark beschreiben, der in den 1960er-Jahren der erfolgreichste Formel 1-Pilot war und der größte aller Zeiten hätte werden können. Die Rennen hat er geliebt, die Rolle als Superstar hingegen nicht.

Jochen Rindt
Der Heroische

Lebens-Lustig: Nina und Jochen Rindt sind das Traumpaar der Formel 1.

Es wirkt fast ein wenig makaber, wenn einem auf der »Offiziellen Jochen Rindt Homepage« im Internet der Satz entgegenspringt: Jochen lebt! Bewerten wir ihn so, wie er gemeint ist: Der in Mainz geborene und in Graz als Kriegswaise aufgewachsene Rennfahrer soll unvergessen bleiben, und zwar über die Tatsache hinaus, dass er 1970 als bisher einziger Formel 1-Weltmeister posthum gekürt wurde. Ferdi Kräling sagt: »Ich habe Rindt so in Erinnerung, wie ihn Helmut Zwickl in seinem Buch beschreibt: Jochen sah aus wie ein Held, er fuhr wie ein Held, und er starb wie ein Held.«

Österreich verehrt seinen ersten Champion mit einem Überschwang, der nur in der Alpenrepublik möglich ist, sogar das Haus, in dem er lebte, trägt eine Erinnerungsplakette. Es ist die Reverenz an einen Freiheitskämpfer, der sich im Motorsport nach oben kämpft. Begonnen haben soll alles mit einem Tretroller, den der Junge beherrscht wie kein anderer, aber den Durchbruch schafft er in der Formel 2, als er an den anerkannten britischen Größen vorbeiwedelt wie kein anderer. Das bringt dem auch abseits der Piste so kantigen wie ehrlichen Piloten einen Gaststart 1964 beim Großen Preis von Österreich in der Formel 1 ein. Was er beim Debüt nicht zu Ende bringen kann, führt er beim Cooper-Team fort. Er schafft es regelmäßig aufs Treppchen, aber es fällt ihm schwer, sich nur auf die Königsklasse zu konzentrieren. Rindt ist in der Formel 2 und bei Sportwagenrennen aller Art beinahe erfolgreicher als in der Königsklasse. Er probiert es 1968 beim Weltmeisterteam Brabham, aber wenig erfolgreich, um im Jahr drauf beim nächsten Titelverteidiger anzuheuern – Lotus. Rindt macht schnell vergessen, dass eigentlich Graham Hill die Nummer eins des Teams ist. Auch ein schwerer Unfall nach einem Flügelbruch am Lotus lassen ihn nicht verzagen. Darin ähnelt Rindt dem Teamchef Chapman: Erfolg will er um jeden Preis, um jedes Risiko haben. Sein Freund Bernie Ecclestone sagt den seherischen Satz zu ihm: »Entweder wirst du im Lotus Weltmeister – oder du stirbst.« Zum Saisonende hin gelingt ihm in Watkins Glen endlich der erste Grand-Prix-Sieg.

Als der keilförmige Lotus 72 die nötige Reife hat, setzt 1970 auch der Siegeszug von Jochen Rindt ein. Selbst der Tod seines Freundes Piers Courage, der bei jenem Großen Preis von Holland verbrennt, den Rindt gewinnt, kann ihn nicht stoppen. Lediglich beim Heimrennen auf dem Österreichring muss er den Erfolg seinem Widersacher Jacky Ickx im Ferrari überlassen. In Monza hat Rindt dennoch alle Chancen auf den Titel, und er will es wissen. Den Großen Preis von Italien wird er aber nicht mehr erleben, im Samstagstraining bricht vor der berüchtigten Parabolica-Kurve eine Bremswelle, der Lotus schlägt in die Leitplanken ein, Rindt stirbt im Rettungswagen. Den Weltmeisterpokal bekommt am Saisonende seine Witwe Nina überreicht.

Übern Berg: Immer wieder setzt sich Jochen Rindt für die Verstärkung der filigranen Rennwagenkonstruktionen von Lotus ein, auch unsichere Strecken – wie der Nürburgring – werden von ihm mit aller Macht und in aller Öffentlichkeit angegangen. Der Mainzer lebt gern sein Talent aus, aber er ahnt auch früh, dass sein Leben auf dem Spiel steht.

DUNLOP

Gut gemacht, Junge: Selbst Teamchef Ken Tyrrell ist von den Kunststücken seines Formel 2-Piloten Jacky Ickx begeistert, der sich mit einem unterlegenen Boliden in die Formel 1-Spitze schieben kann. Beim Großen Preis von Deutschland 1969 landet er einen seiner acht Grand-Prix-Siege – Jackie Stewart und Bruce McLaren müssen sich geschlagen geben.

Jacky Ickx Der Überlegte

Ihre Namen gehen einem leicht von den Lippen. Nicht weil sie so einfach auszusprechen sind, sondern weil sie so berühmt geworden sind: Was Eddy Merckx für den Radsport bedeutet, ist Jacky Ickx für den Motorsport: Der größte Mann, den das kleine Belgien in diesem Metier je hervorgebracht hat. Ferdi Kräling hat den Mann aus dem Hügelland hinter Brüssel erst kürzlich wieder getroffen: »Er fragte mich, wann ich denn auch endlich aufhören würde. Ich habe ihm gesagt, wenn dieses Buch fertig ist. Jacky war der Erste, der eins bestellt hat.«

Jacques Bernard Ickx, Sohn eines Motorsportjournalisten (aha!) bringt bei seinem Formel 1-Debüt das Kunststück fertig, einen Formel 2-Matra des Tyrrell-Teams immer wieder ganz nach vorn zu pilotieren. In der fahrerischen Brillanz ist er bei aller Jungenhaftigkeit zwischen Jochen Rindt und Jackie Stewart angesiedelt. Er legt beispielsweise beim Großen Preis von Deutschland 1967 mit dem weit schwächeren Boliden die drittbeste Trainingszeit auf dem Nürburgring vor und liegt im Rennen auf Rang vier – obwohl er hinter dem Feld der Formel 1 starten muss. Ein Aufhängungsbruch kostet ihn alle Chancen, empfiehlt ihn aber für höhere Aufgaben. Es ist seine überlegte Fahrweise, die ihn so überlegen macht, und scheinbar kann ihn auch wenig aus der Ruhe bringen. Selbst schätzt er das so ein: »Ich fahre schnell, aber sozusagen mit Distanz.« Die Contenance verliert er nur selten, vielleicht wird er auch später als PS-Rentner immer so gerne als Vorzeige-Rennfahrer zu Werbezwecken verpflichtet.

Mal abgesehen von dem hektischen Dasein als Grand-Prix-Pilot bei der Scuderia Ferrari. Den Italienern beschert er zwar schon 1968 in seinem ersten Vertragsjahr einen Sieg beim Regenrennen in Rouen, da ist er gerade mal 23 und damit zweitjüngster Grand-Prix-Sieger hinter Bruce McLaren. Ein Beinbruch kostet ihn die Titelchancen in diesem Jahr. Aber Ickx bleibt – neben einem Brabham-Gastspiel – über fünf Jahre Maranello treu, doch nach zwei knapp verfehlten WM-Titeln erlischt der Zauber. Es kommt zum spontanen Wechsel in einen McLaren-Ford, den er auf dem Nürburgring gleich auf Rang drei schiebt.

Aber das große Glück ist ihm in der Formel 1 nicht mehr hold, bei Lotus, Williams oder Ensign und einem späten Comeback bei Ligier kann er nur noch gelegentlich sein Können aufblitzen lassen – er wirkt wie ein Sucher, der sein Ziel in der Formel 1 aber längst aus den Augen verloren hat. Was wirklich in ihm steckt, zeigt er im Rahmen einer großartigen zweiten Karriere, die er als Sportwagenfahrer und Rallyepilot vor allem für Porsche hinlegt, beispielsweise bei den 24 Stunden von Le Mans, die er insgesamt sechs Mal gewinnen kann oder der Rallye Paris-Dakar. Nicht jeder muss seine Krönung nur in der Königsklasse erfahren.

Vater-Freuden: Tochter Vanina Ickx hat die Renn-Gene geerbt und geht in der Deutschen Tourenwagen-Masters für Audi an den Start.

Jackie Stewart | Der Konsequente

Karo ist Trumpf in der Formel 1, seit Jackie Stewart das Schottenmuster zu drei Weltmeistertiteln begleitet. Eigentlich ist seine Karriere nie zu Ende gegangen, bis heute ist er als Champion der Selbstvermarktung im Fahrerlager zu Hause.

Kariert ist nicht nur die Zielflagge: Jackie Stewart mit üblicher Kopfbedeckung – aber unüblich ratlos, als das Teamchef-Dasein mit Sohn Paul glücklos bleibt.

Das Klischee will es, dass Schotten anscheinend nur ans Geld denken. Jackie Stewart ist zwar nicht kleinlich, wenn es darum geht, seinen Namen und seine Erfolge gegen eine gute Gage herzugeben, aber er ist auch so etwas wie der erste Gewerkschafter der Formel 1 gewesen. In den wilden Zeiten der 1960er-Jahre passt er zwar mit den langen Koteletten und der noch längeren Haarpracht perfekt in die Rolle des Draufgängers. Aber wenn es um die Sicherheitsvorkehrungen geht, kennt er seit dem Großen Preis von Belgien 1966, als er in einem sich mit Benzin füllenden BRM-Cockpit eingeklemmt ist, kein Pardon: »Bis dahin bin ich mit dem Hosenboden gefahren, seither mit Verstand.« Er hat den Mut, fehlende Sicherheitsvorkehrungen an den Rennstrecken öffentlich anzuprangern, und er hat bald auch den Namen dazu, dass ihm die Leute zuhören. 57 Freunde und Kollegen sterben in dem Jahrzehnt, das Stewart als Rennfahrer geprägt hat – die traurige Statistik stammt von ihm selbst.

Ferdi Kräling erlebt den Mann, der in fünf Jahren drei Mal Weltmeister (1969, 1971 und 1973) und später in den Adelsstand erhoben wird, als einen Magneten: »Wo der auftaucht, ist immer eine Menschentraube um ihn herum. Er würde niemand einfach so abspeisen, und ein Fan, der sich bis zu ihm durchgekämpft hat, soll auch ein Autogramm bekommen, das er lesen kann.«

Geld und Material für seine Formel 1-Karriere kommen von Ken Tyrrell, das Können bringt Stewart selbst mit. Im Debütjahr 1965 gewinnt er den ersten Grand Prix, wird Dritter der WM und lässt Stammpilot Graham Hill ziemlich alt aussehen. Lese- und Schreibvermögen sind zwar eingeschränkt, aber Lenken kann dieser Junge wie kaum ein anderer. Respektlos jagt er die Größen von damals vor sich her. Wenn das Material stimmt, bereitet er von der Spitze weg seine Siege auf die bequeme Art vor – sich mit schnellen Runden vom Feld absetzen und danach nur das Nötigste tun. Das klingt natürlich nur in der Theorie leicht, Stewart war während seiner Rennkarriere ein akribischer und besessener Arbeiter – vom Pflichtgefühl denen gegenüber beseelt, die ihm die Chance seines Lebens bieten. »Jackie the Hair« war für viele Späße zu haben, aber er hat auch das Berufsbild des professionellen Rennfahrers so geprägt, wie viel später erst ein Michael Schumacher. Die wirklich schweren Zeiten beginnen für Stewart, als er seinen besten Freund Jochen Rindt betrauern muss. Aber der Ehrgeiz hilft ihm aus der Sinnkrise, zurück bei Ken Tyrrell beginnt die Phase seiner großen Überlegenheit, die mit zwei WM-Titeln eindrucksvoll bestätigt wird.

John Young Stewart tritt nach 27 Grand-Prix-Siegen, im Jahre 1973 Formel 1-Rekord, nach 99 Rennen zurück – auf den 100. Einsatz verzichtet er nach dem Tod seines Teamkollegen François Cevert. Aber der Rennsport lässt ihn nicht los, Tontaubenschießen allein reicht ihm nicht als Alltagsbeschäftigung. Seine Neigung für die Welt der Reichen und Mächtigen bringt ihn als Botschafter für Ford und Rolex immer wieder in die Formel 1 zurück, und die angeborene Lernschwäche kompensiert er mit Aktionismus und Perfektionismus. Als die Mobiltelefone eingeführt werden, beschafft er sich gleich zwei – eins für ankommende und eins für abgehende Gespräche. Um seinem Sohn Paul den Lebenstraum vom eigenen Formel 1-Team zu erfüllen, lässt er alle alten Verbindungen spielen – aber die drei Grand-Prix-Jahre 1997 bis 1999 sind nicht besonders erfolgreich. Dafür kann er den Stewart-Rennstall mit Gewinn an Jaguar verkaufen. Im Schnippchenschlagen bleibt er offenbar immer weltmeisterlich.

Reden und Rennen: Jackie Stewart mit Förderer Ken Tyrrell und Lady Helen und im Dialog mit seinem Kollegen François Cevert.

Wem mehr als drei Jahrzehnte nach seinem Tod auf der Rennstrecke noch die Würdigung durch einen Kinofilm vergönnt ist, der muss etwas Besonderes gehabt haben. Schon der Titel weist auf den besonderen Typen Jo Siffert hin: »Live fast, die young«.

Es sind fast 20 000 Menschen, die dem Rennfahrer Joseph Siffert, den alle Welt nur Jo und die Schweizer »Seppi« nannten, das letzte Geleit geben. Mehr muss über die Popularität des Schweizers kaum gesagt werden. Der Pilot, der seine Karriere 1957 mit Motorradrennen begonnen hat, ist das, was man mit Fug und Recht einen Allrounder nennen kann: Seitenwagenrennen, Formel Junior, Sportwagen und Formel 1. Die verschiedenen Disziplinen vereint Jo Siffert auf seine Art – indem er immer und überall erfolgreich und beliebt ist. Auf der Rennstrecke wie im Geschäftsleben, denn er finanziert sich den Unterhalt der Leidenschaft durch den Gebrauchtwagenhandel.

Bei aller Schlitzohrigkeit ist der Seppi aus dem Käseladen Fribourg jedoch ein Sportsmann schlechthin, und mehr noch, ein echter Botschafter seines Heimatlandes, vor allem bei den Wundertaten mit dem Porsche 908 und 917. Seine Popularität kann es – nicht nur in der Schweiz – immer noch mit der des Sauber-Teams aufnehmen. Es ist auch der Respekt vor dem zähen Kampfgeist des Mannes mit dem charakteristischen Oberlippenbärtchen.

Bis zu jenem Rennen, das nach Ende der Saison 1971 zu Ehren von Weltmeister Jackie Stewart in Brands Hatch als »World Championship Race« ausgetragen wird. Dafür nimmt der WM-Vierte Siffert wieder in seinem BRM Platz. Mehr zum Spaß, aber hoch motiviert, wie die schnellste Trainingsrunde zeigt. Beim Start kollidiert er schon mit Ronnie Peterson, bleibt aber im Rennen. Das soll böse Folgen haben, denn in der 15. von 40 Runden bricht Sifferts Rennwagen mit Höchstgeschwindigkeit und defekter Aufhängung auf der Geraden aus und explodiert in einem flammenden Inferno an einem Erdwall, Siffert stirbt an einer Rauchvergiftung. Bis dahin hat er an 96 Grand-Prix-Rennen teilgenommen – und zwei davon auch gewonnen.

Für Ferdi Kräling gehört Siffert zu den beeindruckendsten Piloten seiner Generation: »Jo hat sich nie in den Vordergrund gedrängt, er ist bescheiden und zurückhaltend geblieben. Nur im Rennwagen ist er gnadenlos.« Eines seiner Erfolgsrezepte besteht auch darin, niemals Starallüren an den Tag gelegt zu haben. Er ist das, was man einen Sympathieträger nennt. Den ersten zur WM-Wertung zählenden Grand Prix gewinnt er vier Jahre nach seinem Formel 1-Debüt, er gelingt 1968 im Lotus-Ford auf der schwierigen Berg- und Talbahn von Brands Hatch. Drei weitere Jahre soll es bis zum zweiten Erfolg dauern, im Zwölfzylinder von BRM in Österreich. Posthum wird er zum Schweizer Sportler des Jahres gewählt. Eine kleine Anerkennung für eine große, unerfüllt gebliebene Karriere.

Tragischer Held: Jo Siffert ist bei aller Schlitzohrigkeit immer sympathisch geblieben.

Schweizer-Macher: Jo Siffert (links) greift den Ferrari von Clay Regazzoni an. Siffert wird Sechster in Zandvoort 1971, sein Landsmann Zweiter.

Clay Regazzoni | Der Unzerstörbare

Man nennt es wohl Schicksal, wie eine Rennfahrerkarriere verläuft. Und dieses Schicksal kann grausam sein. Jeder, der ins Cockpit steigt, weiß das vorher. Aber wen die Leidenschaft für die Formel 1 gepackt hat, der nennt das nicht Schicksal, sondern Berufsrisiko. Schicksalhaft bleibt es, wie die Laufbahn von Clay Regazzoni zeigt.

Spaßmacher: Wenn Clay Regazzoni seinen Vater mit zur Rennstrecke bringt, bekommt die Redewendung »gut behütet« eine ganz neue Bedeutung.

Als Gianclaudio kennt ihn niemand, aber wer in der Formel 1 »Clay« sagt, der braucht den Nachnamen Regazzoni gar nicht dazusagen – es ist völlig klar, wer da gemeint ist. Der Schweizer hat ein Gemüt wie seine Heimat, das Tessin: Unglaublich charmant in einem Moment, aber wild wie ein Unwetter im anderen. Ferdi Kräling weiß um die Widersprüchlichkeiten: »Aber Clay war ein ganz großer Kämpfer, ohne zu verbissen das Ziel Weltmeister anzupeilen. Er konnte auch dem Rahmen- und dem Damenprogramm des Formel 1-Wochenendes etwas abgewinnen. Sein Grinsen hat er selbst dann nicht abgelegt, als er im Rollstuhl sitzen musste.«

Der Mann ist mit seinem Charakter also wie geschaffen für Ferrari, und noch mehr für den großen Enzo Ferrari persönlich. Aus der Formel 2 in die Formel 1 und dann gleich zu jener Scuderia, die im italienischen Teil der Eidgenossenschaft natürlich auch als eine Art Nationalheiligtum verehrt wird, das ist ein mächtiger Karrieresprung aus dem Stand heraus. Und der Fahrer mit dem so wunderbar klingenden Nachnamen erfüllt bereits im fünften Rennen alle Erwartungen, und gewinnt den Großen Preis im Autodromo Nazionale zu Monza – 24 Stunden nach dem Tod von Jochen Rindt – und wird am Saisonende Gesamt-Dritter. Als Rookie im zarten Alter von 30 Jahren. Mehr geht praktisch nicht. Doch, aber nur einmal: 1974, als er nach einem BRM-Gastspiel wieder zurück zu Ferrari kommt und Vize-Weltmeister wird, den greifbar nahen Titel verliert er erst im letzten WM-Lauf. Danach spielt es keine Rolle mehr, dass er noch zu Shadow wechselt und Williams zum ersten Grand-Prix-Sieg führt. Regazzoni ist der wohlgelittene, weil so dramatisch leidensfähige Weltmeister der Herzen für die Ferraristi. Dazu muss man doch nur in sein Gesicht gucken, besser gesagt: in seine vielen Gesichter. Für den zehn Jahre jüngeren Niki Lauda, der mit ihm Ende 1973 zusammen zur Scuderia stieß, ist er einer der positivsten Menschen im ganzen Rennsport und ein echtes Vorbild. Zwei Jahre lang vertragen die bei-

Fachgespräch: Das Rennen ist manchmal nur der Aperitif fürs Nachtprogramm.

Schweizer Urgesteine: »Blick«-Reporter Roger Benoit und ein eher sprachloser Clay Regazzoni.

Ungebrochen: Clay Regazzoni ist auch querschnittsgelähmt noch aktiv. Der makabre Spaß, als ihm sein Team einen Rollstuhl zum Jubiläum schenkt, wird Wochen später traurige Wahrheit.

den sich großartig, obwohl Ferrari-Rennleiter Luca di Montezemolo den Österreicher offensichtlich bevorzugt: »Was ich Clay nie vergessen werde, ist seine Ehrlichkeit.«

Und es bricht vielen das Herz, als er 1980 in der Bremszone der Shoreline-Geraden von Long Beach mit dem Ensign-Boliden verunglückt. Ausgerechnet nach der schnellsten Stelle des kalifornischen Stadtkurses bricht das Bremspedal aus Titan, da hat das Auto Tempo 280 drauf. Ungebremst rast Regazzoni in den in der Auslaufzone stehenden Brabham von Ricardo Zunino, der dort schon seit 50 Runden parkt, und kracht in die kaum geschützte Boxenmauer. Es dauerte eine Ewigkeit, bis der Pilot aus dem Wrack befreit wird. Im St. Mary Hospital werden mehrere Unterschenkelfrakturen sowie Kopf- und Rückenwirbelverletzungen attestiert. Mit dem schlimmen Resultat, dass der Tessiner seit jenem Märzsonntag querschnittsgelähmt bleibt. Es ist sein zweites Rendezvous mit dem Tod, schon 1973 in Kyalami kann er von Mike Hailwood bewusstlos aus dem brennenden BRM-Cockpit gezogen werden. Seither trägt er das Siegel der »Unzerstörbare«. Im Jahr davor hatte ihm das Renault-Team als Gag noch einen Rollstuhl mit Formel-Slicks geschenkt, ein makabrer Scherz nicht nur im Nachhinein.

Die Wirbel können brechen, aber der Wille von Clay Regazzoni nicht. Weder sein Verstand noch sein Lenkvermögen sind paralysiert. Als ob er – ähnlich wie der Leidensgenosse Frank Williams – aller Welt beweisen will, dass er durch nichts zu stoppen ist, schon gar nicht durch einen lächerlichen Rollstuhl, fährt er nach einem halben Jahr Rehabilitation in einer Schweizer Spezialklinik weiterhin Rennen. Er wagt sich, eine Handgasvorrichtung macht es möglich, sogar an die Rallye Paris-Dakar heran, und besteht mehrfach das härteste Rennen der Welt. Mit mehr Falten im Gesicht und einem angegrauten Schnauzbart, aber sonst ganz der Alte. Nur der Weltverband FIA möchte ihm 1996 keine Lizenz für die Sportwagenweltmeisterschaft erteilen. Aber Regazzoni holt sich seine Befriedigung auch bei Kart- und Fahrradrennen. Sein eigentlicher Wettkampf ist der gegen die Verzweiflung. Er weigert sich auch im Alter von 67 Jahren noch, seinen offiziellen Rücktritt einzureichen. Wer weiß, was noch kommen kann.

26 Jahre nach dem Unfall von Long Beach verliert der »Unzerstörbare« dann doch sein Leben, auf einer italienischen Autostrada westlich von Parma, als sein Chrysler Voyager auf einen Lkw auffährt. Das ist diesmal sogar zu viel für ein Kämpferherz. Ein Leben in voller Fahrt ist zu Ende.

Vorne-Verteidigung: Clay Regazzoni behält beim Großen Preis 1971 in Barcelona die Kurve vor Pedro Rodriguez ganz für sich.

Kämpfen wie die Löwen, das sagt sich so leicht. Clay Regazzoni ist ein Beispiel dafür, was ein Rennfahrer alles an Kräften mobilisieren kann. Und das beschränkt sich beileibe nicht nur auf den Motorsport.

James Hunt | Der Wilde

Wieso haben diese Rennfahrer so etwas Unwiderstehliches? Was macht ihre Aura, ihr Charisma aus? Wenn es das Draufgängertum eines James Dean sein sollte, dann ist sein würdiger Stellvertreter als Rebell im Grand-Prix-Sport der Brite James Hunt.

Auf den Hunt gekommen: Die Privatsphäre beim britischen Rennfahrer ist zumeist eine sehr öffentliche. Der Pilot weiß, dass sich mit und von seinem Image gut leben lässt. Die Privatsphäre Hunts ist auch im Ferienhaus in Marbella zumeist eine sehr öffentliche …

Er steht noch nicht ganz oben auf dem Siegerpodest, umringt von Reportern, und schon fragt James Hunt: »Hat mal jemand eine Zigarette?« Wie selbstverständlich zieht ein Berichterstatter ein Päckchen Marlboro aus der Jacke und reicht es nach oben: Ein völlig normaler Vorgang, damals, in der kurzen großen Zeit des James Simon Wallis Hunt. Die unvergleichliche Art des Briten macht ihn zur Ausnahmeerscheinung unter den Rennfahrern, denen ein einziges Mal der Titel vergönnt ist. Das schätzt auch Ferdi Kräling: »Es gibt niemanden, der sich in der Formel 1 so ausgetobt hat wie er. Er war immer gut drauf und dazu auch noch richtig schnell. Ich habe nie erlebt, dass er mal mürrisch in die Kamera geschaut hätte.« Als 30 Jahre später ein gewisser Kimi Räikkönen zum ersten Mal Weltmeister geworden ist, fährt er zum Spaß ein Snowmobilrennen, und schreibt sich unter dem Pseudonym »James Hunt« ein. Das kann kein Zufall sein, es ist vielmehr Seelenverwandtschaft. Gibt es vielleicht eine Reinkarnation in der Formel 1? Das Publikum hat offenbar schon immer ein Näschen für die besonderen Typen.

So herrlich politisch unkorrekt, wie James Hunt lebt, fährt er auch. Überhaupt, das geht bei ihm scheinbar alles fließend ineinander über. Auch mit der Betonung auf fließend … Die beste Empfehlung für eine Formel 1-Karriere bietet in den 1970er-Jahren die Formel 3, dort macht er wegen seiner hohen Unfallquote als »Hunt the Shunt« schon Schlagzeilen. Die wallende blonde Haarmähne, die ihn zum Björn Borg der Rennstrecke macht, tut ein Übriges: Der Brite wird richtig populär, als er 1973 erstmals im Hesketh Platz nimmt, natürlich beim Glamour-Grand Prix in Monte Carlo. Drei Jahre später ist er Weltmeister, dann aber schon für McLaren. Wo Hunt ist, sind auch die Groupies – über die vorn an den Spitzen aufgeschnittenen Schuhe hinaus sein eigentliches Markenzeichen. »Ein bunter Hund«, urteilt der Kollege und Rivale Niki Lauda, und der kennt sich in diesen Bereichen offenbar auch gut aus. Seiner ersten Gattin Suzy wird es schnell zu bunt, sie versetzt den Womanizer von der Piste lieber für Richard Burton.

Rasen und genießen, das muss sich nicht ausschließen. Nichts läuft in James Hunts Leben so richtig nach Plan, aber der hyperaktive Kindskopf kann und will sich das so leisten. Mit 18, als er sein erstes Autorennen sieht, beschließt er Weltmeister zu werden. Und das soll klappen. Mit solchen Ideen ist er bei der aus Towcester nahe Silverstone stammenden Hesketh-Mannschaft damit genau richtig. Das eigentliche Motto des jungen Lord Alexander Hesketh ist die Lebenslust, und zu besagtem Monaco-Grand-Prix 1973 reist die Truppe auf einer respektablen Yacht an – aber ohne Reservechassis. Platz neun für die Konstruktion von Harvey Postlethwaite ist dafür höchst ehrenwert. »Es ist wie ein Sieg für uns gewesen«, erinnert sich Draufgänger Hesketh, »eigentlich wollten wir ja nur die hübschesten Mädchen haben.« Weshalb auf der Gehaltsliste des Teams auch ein Barkeeper aufgeführt wird. Helikopter, Privatflugzeug und Rolls-Royce sind die bevor-

Nur nichts auslassen – James Hunt hat sich nichts vorzuwerfen, was die Lebenslust angeht. Bei ihm wird aus der Lust fast eine Gier. Selbst ein Beinbruch kann ihm keinen Strich durch die persönliche Erfolgsrechnung machen.

zugten Transportmittel. Exzentriker unter sich. Das Fachpublikum pfeift die Truppe aus, aber die Hesketh-Mannen pfeifen drauf und buhen zurück. Zum Saisonende ist Hunt Gesamt-Achter, und steuert im Jahr darauf als WM-Vierter auch den ersten und einzigen Erfolg für das Team bei. Irgendwann ist das Erbe aber durchgebracht. James Hunt gilt als fahrerisches Talent und schafft den Sprung zu McLaren.

Das WM-Finale 1976 direkt unterhalb des Mount Fuji wird zu einer der größten Regen- und Nervenschlachten der Formel 1-Geschichte. Und Hunt steuert sein Auto mit ruhiger Hand durch den Taifun auf dem Asphalt. Gegenspieler Niki Lauda im Ferrari absolviert nur zwei der 73 Runden, dann steigt er aus, weil es ihm zu gefährlich ist. Der dritte Rang, den Hunt am Ende bravourös belegt, reicht ihm zum Gewinn des Weltmeistertitels mit einem Pünktchen Vorsprung auf den Österreicher. Damit ist das Sprichwort »Wer sich in Gefahr begibt, kommt darin um« aber nicht entkräftet. Denn zwei Jahre später beim Großen Preis von Italien in Monza verliert Hunt die Nerven, als er kurz nach dem Start den Lotus von Ronnie Peterson rammt, der Schwede stirbt am nächsten Tag unter mysteriösen Umständen im Krankenhaus.

Von diesem Schock erholt sich der durchaus sensible James Hunt nicht mehr. Im Team des kanadischen Ölmillionärs Walter Wolf bleibt er zusammen mit Keke Rosberg glücklos und steigt zur Saisonmitte aus. Die Versuche, auf eigene Rechnung einen Rennstall zu gründen, scheitern. James Hunt gibt sich fortan dem ausschweifenden Leben hin, zehn Grand-Prix-Siege und ein Titel sind ihm genug. An der Seite des BBC-Reporters Murray Walker wird er einer der legendären Kommentatoren – ein Blatt nimmt er nie vor den Mund, warum auch. Der Fernsehjob wird zur einzigen Einnahmequelle, aber die Ausgaben werden nicht geringer. Die zweite Ehe mit Sarah scheitert auch. Mit nur 45 Jahren erliegt James Hunt in Wimbledon einem Herzversagen. Ein Leben am Limit ist zu Ende.

Auf den Arm genommen: Lord Alexander Hesketh und James Hunt – das erfolgreichste Partygespann, das die Formel 1-Weltmeisterschaft je hatte.

JAMES
HUNT

Eins A: So sieht sich Niki Lauda am liebsten – mit dem Gütesiegel der Nummer eins, vorneweg vor allen anderen und der richtigen Geschwindigkeit.

Niki Lauda

Der Clevere

Es ist beinahe so wie mit Henne und Ei, wenn man sich fragt, wer wohl zuerst da war – Niki Lauda oder die Kappe, für die er noch lange nach dem Ende seiner schillernden Rennfahrerkarriere berühmt ist. Und die er, immer noch ganz der Alte, zu Geld macht. Ein Kapperl, das aber auch die dramatischen Spuren des wohl berühmtesten Feuerunfalls der Formel 1-Geschichte zum Teil verdeckt. Die Mütze ist ein Stück Lauda, und Lauda ist ein Stück Rennsport. Ferdi Kräling imponiert an dem Österreicher: »Seine Intelligenz, die Cleverness, das Durchsetzungsvermögen und der Hunger nach Erfolg haben ihn nicht nur sportlich zu einer internationalen Größe werden lassen. Er ist dabei trotzdem immer auf dem Teppich geblieben.«

Zwei Gesichter: Der Feuerunfall auf dem Nürburgring verändert das Antlitz des Formel 1-Debütanten Lauda drastisch.

Er fühlt sich zuhause in der Welt der Extreme, egal was mit ihm geschehen ist oder geschieht. Als einer der wenigen transportiert er Namen, Ehrgeiz und Erfolg auch in ein ganz anderes Geschäft, das mit der Fliegerei. Auch etwas, was der Andreas Nikolaus zwingend braucht: Etwas tun, was nur leidenschaftlich getan werden kann. Und auch bei der Lauda Air ist er nach dem Absturz eines Ferienjets in Thailand wieder mit dem Tod konfrontiert. Schlimmer noch als am 1. August 1976, als er bewusstlos und ohne Helm im brennenden Ferrari sitzt und ihn nur das beherzte Zugreifen des Fahrerkollegen Arturo Merzario vor noch schlimmeren Verbrennungen rettet. Als er 1991 auf der Trauerfeier für die 226 abgestürzten Passagiere spricht, ist das einer der wenigen Momente, bei denen er die rote Kappe absetzt und die verbrannte Kopfhaut zu Tage tritt.

Es ist ein langer, kurvenreicher Lebensweg vom Teenager, der sich ein VW-Cabriolet Baujahr 1949 kauft und damit Rennfahrer spielt bis zum seriösen Geschäftsmann Lauda.

Das Blödeln, das immer häufiger unter einer Schicht Zynismus liegt, kommt am ehesten noch im Teilzeitjob als RTL-Kommentator zum Tragen. Aber es darf nicht ablenken von den rennfahrerischen Verdiensten, die der Mann mit der Mütze hat. Er hat sauber alle Nachwuchsrennserien abgespult, ehe es 1971 dann nur noch jene Formel mit der Zahl eins dahinter übrig bleibt. Es ist der Große Preis von Österreich 1971, aber sein March-Ford fällt aus. Wie gut, dass er die Erste Österreichische Sparkasse zu Wien als Sponsor gewonnen hat, mit dem sichert er sich das Cockpit. Aber es braucht eine längere Anlaufzeit. Und den Sprung an die Spitze, die schafft er aus eigener Kraft, als er 1973 in Monte Carlo den Ferrari von Jacky Ickx mit einem BRM auf Distanz hält. Enzo Ferrari will daraufhin den jungen Mann im roten Cockpit haben.

Zehn Jahre lang sind die Italiener erfolglos in der Königsklasse, mit Laudas Ankunft aber kehrt der Erfolg zurück – der 312 B 3 ist ein Rennwagen mit Perspektive. Nur nicht zuverlässig genug, dass es gleich 1974 mit dem Titel klappt, dafür aber mit Laudas erstem von 25 Grand-Prix-Siegen. Legendär wird das neue Modell 312 T, mit dem der Pilot fünf Rennen und am Ende auch den Titel gewinnt – es ist der einzige Formel 1-Rennwagen, der auf der Nordschleife des Nürburgrings eine Runde unter sieben Minuten drehen kann. Ein Jahr später kommt es dann zum schicksalhaften Feuerunfall, dessen genaue Ursache nie geklärt wird, nur, dass das Unheil hinten links im Ferrari seinen Lauf nimmt. Bereits 42 Tage später sitzt Lauda wieder im Rennwagen, wird Vierter auf der Hochgeschwindigkeitspiste von Monza und verpasst den Titel nur um einen Punkt. Als eine der Unfallfolgen ist sein Sehvermögen auf einem Auge stark eingeschränkt, und er muss beim Regenfinale in Fuji aufgeben: »Mein Leben ist mir wichtiger als eine Weltmeisterschaft«, sagt der Frischgeläuterte.

Lauter Laudas: in Monaco 1972 (oben) und in Zolder 1984.

Was andere über ihn denken, ist ihm ohnehin schon immer egal – und dass er, als er 1973 in Zandvoort am Wrack des sterbenden Roger Williamson vorbeigefahren ist, und später kommentierte »Ich werde fürs Fahren bezahlt, nicht fürs Parken«, das gehört zu der Mischung aus Wiener Schmäh und absoluter Ich-Bezogenheit, die diesen harten Charakter ausmachen. Hart auch immer gegen sich selbst. Dass er in Fahrerkreisen den Spitznamen »the rat« (die Ratte) trägt, hat damit nichts zu tun – der rührt ausschließlich von den vorstehenden Schneidezähnen her. Und getreu dem britischen Humor wurde nach dem dritten WM-Titel daraus das Kompliment »Super Rat«. Übel nimmt diesen Ruf Lauda niemandem, Sentimentalitäten sind nicht sein Ding. Man nehme nur seine Ansicht über Freundschaften: »Ich kann nicht sagen, was ein Freund ist – ich weiß nur eins: oben hat man viele, in der Mitte wenige und unten – keine ...«

1977 prangt auf der roten Kappe das Sponsoren-Logo von Parmalat, aus der Not wird eine Tugend, und Lauda fährt überlegen den WM-Titel ein. Doch Enzo Ferrari verzeiht dem Österreicher nicht, dass der 1978 für Brabham-Alfa fahren will. Kaum ist der Titel unter Dach und Fach, tauscht der Commendatore Lauda für die letzten drei Rennen gegen den Draufgänger Jacques Villeneuve ein. Als Ferrari-Konkurrent schlägt sich Lauda passabel, aber das Hobby Fliegerei macht er 1979 zum eigentlichen Beruf. Ganz ist er mit dem Cockpit auf vier Rädern aber noch nicht fertig, denn schon 1982 sitzt er wieder im Rennwagen. McLaren bietet ihm das Kohlefaserchassis an, und Lauda macht sich hinter den Kulissen früh stark für den Einsatz des Porsche-Turbos. Er weiß wohl, warum, denn mit dieser Power fährt er seinen dritten und letzten Titel 1984 ein. Der Konstrukteurstitel für McLaren ist früh schon reine Formsache. Aber im Teamduell mit Alain Prost ist es der knappste Weltmeisterschaftsentscheid aller Zeiten, am Ende hat Lauda einen halben Zähler Vorsprung – resultierend aus dem abgebrochenen Monaco-Grand-Prix, für den es nur die halbe Punktzahl gab, Pech für Prost. Der Professor wird im Jahr darauf, als seinen Teamkollegen technische Probleme quälen, dafür überlegener Champion. Und Ende 1985 geht Niki Lauda endgültig in die Luft: »Ich hab nichts mehr gespürt beim Fahren, es hat mich nicht mehr gefreut.« Nur Fliegen ist schöner. Sogar schöner als ein Beraterposten bei Ferrari oder der Chefsessel von Jaguar.

Wortstark: Die geballte Faust drückt aus, dass Niki Lauda auch bei Ferrari seine Ansprüche durchzusetzen versteht.

Freundschaftsdienst: Clay Regazzoni ist ein echter Kumpan, der Dienst an der Schreibmaschine von »rallye racing« nur ein Gag.

Ronnie Peterson | Der Ehrliche

Die Worte aus der skandinavischen Presse zum Tod von Ronnie Peterson sind bitter, aber sie sind treffend: »Es ist der Tag, an dem die Musik der Formel 1 erstirbt und mehr als nur ein Rennfahrer sein Leben gelassen hat. 1978 ist eine Saison, in der dieser Sport seine Unschuld verliert.«

Die kindliche Freude des Ronnie Peterson nimmt in dem Feuerball von Monza ein tragisches Ende. Nicht die Beinverletzungen sind es, die ihn das Leben kosten – es ist eine Embolie.

Es gibt viel Schlimmeres, als nach einem Unfall in der Formel 1 mit einem Beinbruch ins Krankenhaus eingeliefert zu werden. Und trotzdem überlebt Ronnie Peterson die Nacht nach der (von ihm nicht verschuldeten) Massenkarambolage beim Großen Preis von Italien in einer Mailänder Klinik nicht. Mehr als zehn Siege in seiner Karriere, sind dem Schweden wegen einer Embolie nicht vergönnt und trotzdem bleibt er einer der Großen. Ferdi Kräling ist vom Wikinger ebenfalls zeitlebens beeindruckt, aber immer noch geschockt von den letzten Bildern: »Ich war beruhigt, als ich Ronnie nach dem Feuerball auf der Trage gesehen habe. Er guckte noch seine Beine an. Die Todesnachricht am nächsten Morgen traf mich wie ein Schlag.«

In der schulischen Beurteilung von Bengt Ronnie Peterson ist vermerkt, dass er sich mehr auf die Pausen als auf den Unterricht konzentrieren könne, und als im Schulhof eines Tages eine Fahrradrennstrecke angelegt ist, weiß man schnell, wer dahinter steckt. Papa Bengt, ein fanatischer Motorradfahrer, ahnt ebenfalls, welch Talent da schlummert, als der Traktormotor hinüber ist. Schnell muss ein Rennkart her, und damit ist der Lebensweg des Sohnemanns schon abgesteckt: Es ist die Überholspur. Nach seiner ersten Formel 1-Saison 1970 sagt ein begeisterter March-Teamchef namens Max Mosley: »Ronnie ist fantastisch, aber sagt ihm das bloß nicht.« Das Talent des Autos ist gegen das seines Piloten eher verschwindend gering. Im Jahr darauf ist er hingegen Vize-Weltmeister hinter Jackie Stewart und wird dazu Europameister in der Formel 2. Darüber hinaus fährt er erfolgreich Sportwagenrennen. Er kann einfach nicht genug bekommen.

Mit dem Umstieg 1973 auf Lotus schafft er es wieder aufs Podium, diesmal wird er Dritter hinter seinem Teamkollegen Emerson Fittipaldi und hinter Stewart. Und 1974 schafft er mit diesem Auto immerhin noch drei Siege und WM-Platz fünf, wieder wird Fittipaldi (allerdings für McLaren) Champion. Doch Peterson bekommt einen Goldbarren für die besten Leistungen der Saison überreicht. Und wieder folgt eine Achterbahnfahrt der Gefühle, mit dem inzwischen drei Jahre alten Lotus 72 reicht es nur zu sechs WM-Pünktchen bei 17 Starts. Munter geht es weiter runter, erst 1978, als er nach einem Abenteuerjahr bei Tyrrell zu Lotus zurückkehrt, sieht er wieder einen Aufwärtstrend. Peterson ersetzt den an Krebs erkrankten Gunnar Nilsson, bekommt aber in den Vertrag geschrieben, dass er seinem Teamkollegen Mario Andretti den Vortritt zu lassen hat. Der US-Amerikaner wird am Ende des Jahres dann auch Champion, aber vor seinem tragischen Tod im Krankenhaus gelingt es Ronnie Peterson zweimal, einen Grand-Prix-Sieg zu holen. In Kyalami startet er aus der zwölften Position und legt eine famose Aufholjagd hin. Vier Runden vor Schluss ist der Schwede Dritter hinter Patrick Depailler und Andretti. Aber Peterson hält sich nicht zurück, er bleibt dran – und wird belohnt. Erst muss der Lotus-Kollege zum Nachtanken, und drei Kurven vor der Ziellinie geht dem führenden Tyrrell auch der Sprit aus. Peterson zieht vorbei und gewinnt den Großen Preis von Südafrika.

Es ist übrigens Weltmeister Andretti selbst, der gegen den festgeschriebenen Status von Ronnie Peterson opponiert – wohl wissend, dass der Schwede keine Nummer zwei ist. Aber Peterson, der in Gedanken schon bei einem möglichen McLaren-Cockpit 1979 ist, hält sich an die Vereinbarung: »Ich habe den Vertag mit offenen Augen unterschrieben und mein Wort gegeben. Wenn ich es breche, wer wird mir je wieder glauben?« Ronnie Peterson bleibt eine moralische Nummer eins.

Die Sache mit dem Limit ist immer eine diffizile Angelegenheit, besonders für Formel 1-Piloten. Wer drunter bleibt, erreicht es nicht. Wer drüber geht, überlebt es vielleicht nicht. »Immer wenn ich glaubte, das Limit erreicht zu haben, fand ich heraus, dass es möglich ist, es noch weiter hinauszuschieben«, beschreibt Ayrton Senna seine Philosophie – sein Leben.

Ayrton Senna | Der Ewige

Alles scheint für Ayrton Senna nur eine Frage des Könnens, des Glaubens, des Glücks. Bis zu jenem 1. Mai 1994, als der dreifache Weltmeister im Autodromo zu Imola in seinem Williams-Renault getötet wird, als in der Tamburello-Kurve die Lenkung bricht. Die Technik im Grenzbereich hält nicht mehr stand. Aber die Legende lebt, bis heute. Nur deshalb schickt es sich, dieses Porträt mit dem traurigen Ende zu beginnen. Senna und Emotionen, das ist auch für Ferdi Kräling nicht zu trennen: »Wenn man die Möglichkeit hatte, kurz vor dem Qualifying noch in Sennas Box zu kommen, musste ich mir nur seine Augen anschauen. Das war Konzentration, auf den Punkt gebracht. Deshalb konnte er seine Bestzeit meist als Letzter und in seiner letzten Runde fahren.«

Ayrton Senna ist so etwas wie der James Dean des Motorsports. Senna hat bisweilen sogar in der Startaufstellung seinen Walkman auf, er ist in einer anderen Welt, in der von Phil Collins, Tina Turner, Pink Floyd oder Chris Rea. Für den schnellen Vorlauf hat er dann selbst gesorgt, mit dem Rennwagen. Und trotzdem bleibt im Cockpit, in seinem grenzenlosen Ehrgeiz (ein reiner Gutmensch war er nämlich nicht) immer wieder Platz für das Querdenken. Kommt er von der langen Geraden in Hockenheim zurück an die Box, dann ist diese einsame Jagd durch den Kiefernwald ein beinahe meditatives Gefühl für ihn. Schwer vorzustellen, dass die meisten Kollegen überhaupt auf solche Gedanken kommen könnten. In der Startaufstellung hält er die Augen lange geschlossen, mehr an Kon-

Reflektionen einer einzigartigen Karriere: Die Lässigkeit, mit der Ayrton Senna seinen Job anzugehen scheint, weicht hinter dem Vollvisier der absoluten Konzentration.

Champions unter sich:
Senna 1991 in Ungarn
mit und gegen Mansell
(No. 5) und Patrese (No. 6).

zentration geht fast nicht. Hebt er den Blick, spricht aus diesem eine melancholische Gnadenlosigkeit – genau diese Gegensätze sind es, die das Charisma zu einem ständigen Begleiter der Karriere des jungen Mannes aus São Paulo machen. Traum und Trauma, niemand verkörpert die Pole des Rennfahrerdaseins so wie er.

Ein Dasein voller Widersprüche, mit einem unbändigen Willen: »Zwölf Stunden am Tag beschäftige ich mich mit Autos. Und die anderen zwölf Stunden denke ich darüber nach.« Mal ganz cool, aber immer wieder heißblütig. Dass er Hinterbänklern an den Kragen geht, ist Tagesordnung. Das Revanchisten-Duell mit Alain Prost ist Legende. Senna will immer das Maximum, das ist im Kart so wie in der Formel 3. Aber zum Einstieg in die Formel 1 wählt er 1984 das Toleman-Team, er will sich in Ruhe entwickeln können. Der Sprössling reicher Eltern kauft sich frei, Lotus nimmt das Talent unter Vertrag. Es ist eine Investition in die Zukunft, in Portugal schafft er 1985 vom besten Startplatz aus seinen ersten Grand-Prix-Sieg, innerhalb eines Jahrzehnts sollen 40 folgen und 64 Pole-Positionen dazu. Die Droge Erfolg beginnt bei McLaren dann richtig zu wirken, die Titel 1988, 1990 und 1991 sind der Lohn. Dass er der bestbezahlte Pilot im Geschäft ist, spielt keine Rolle, Ayrton Senna da Silva hält das für selbstverständlich. Er weiß, was er wert ist. Aber er reibt sich auch auf in seinem Ehrgeiz.

Helm und Rennwagen von Ayrton Senna werden nach der Todesfahrt am ersten Mai 1994 erst nach acht Jahren Beschlagnahmung freigegeben, der Prozess endet mit einem Freispruch für die Techniker des Williams-Teams. Auf Wunsch von Sennas Familie wird der knallgelbe Kopfschutz, durch dessen Visier sich ein Aufhängungsteil gebohrt hatte, noch in Bologna eingeäschert. Aber auf jeder Rennstreckentribüne lebt das rote Senna-S, das eine ge-

schwungene Kurve symbolisiert, als Kappe, Fahne oder T-Shirt weiter. Gottlob bleibt die Hollywood-Inszenierung von Sennas Leben mit Sylvester Stallone (!) als Hauptdarsteller allen erspart. Es gibt auch ein Limit des guten Geschmacks.

Am meisten hat Ayrton Sennas Tod nicht auf der emotionalen, sondern auf der rationalen Seite bewegt. Seit dem Unglück ist im Grand-Prix-Sport unheimlich viel für die aktive und passive Sicherheit getan worden. Vorneweg hat Michael Schumacher, der Senna als Champion abgelöst und seine eigene Ära geprägt hat, dafür gesorgt. Er gewinnt das Unglücksrennen in Imola – dass Senna bei der Siegerehrung wohl schon tot war, hat man der Öffentlichkeit und den anderen Piloten verschwiegen. Es erscheint einfach nicht fassbar, dass selbst der »Unberührbare« sterblich ist. Oder dass er selbst einen Fahrfehler gemacht hat. Im Nachhinein wird vieles mystisch verklärt, was den 34 Jahre alt gewordenen Piloten betrifft, den der »Spiegel« 1992 noch als »üblen Bolzer« anspricht. »Für mich war es die erste Erfahrung mit dem Tod in dem Sport, den ich liebe«, erinnert sich Schumacher, der überlegen musste, die eigene Karriere überhaupt fortzusetzen, »Ayrton war eine Inspiration, nicht nur für mich. Er war ein Symbol, er hat dem Sport so viel gegeben.« Für Sennas Freund Gerhard Berger markiert der Todestag immer noch jenen Moment, »als die Sonne vom Himmel fiel«. Imola entkräftet vor allem einen der Senna-Glaubenssätze: »Jeder Fahrer hat sein Limit. Meines liegt ein bisschen weiter als das der anderen.« Die Erinnerung stirbt nie.

Privat ist er ganz anders als auf der Rennstrecke – nur die Nachdenklichkeit über Gott und die Welt nimmt Senna mit in sein Privatleben. Als Ausgleich dienen ihm Begegnungen mit Straßenkindern ebenso wie die Entspannung mit Nichten und Neffen, direkt neben ihm der heutige Rennfahrer Bruno Senna.

schwungene Kurve symbolisiert, als Kappe, Fahne oder T-Shirt weiter. Gottlob bleibt die Hollywood-Inszenierung von Sennas Leben mit Sylvester Stallone (!) als Hauptdarsteller allen erspart. Es gibt auch ein Limit des guten Geschmacks.

Am meisten hat Ayrton Sennas Tod nicht auf der emotionalen, sondern auf der rationalen Seite bewegt. Seit dem Unglück ist im Grand-Prix-Sport unheimlich viel für die aktive und passive Sicherheit getan worden. Vorneweg hat Michael Schumacher, der Senna als Champion abgelöst und seine eigene Ära geprägt hat, dafür gesorgt. Er gewinnt das Unglücksrennen in Imola – dass Senna bei der Siegerehrung wohl schon tot war, hat man der Öffentlichkeit und den anderen Piloten verschwiegen. Es erscheint einfach nicht fassbar, dass selbst der »Unberührbare« sterblich ist. Oder dass er selbst einen Fahrfehler gemacht hat. Im Nachhinein wird vieles mystisch verklärt, was den 34 Jahre alt gewordenen Piloten betrifft, den der »Spiegel« 1992 noch als »üblen Bolzer« anspricht. »Für mich war es die erste Erfahrung mit dem Tod in dem Sport, den ich liebe«, erinnert sich Schumacher, der überlegen musste, die eigene Karriere überhaupt fortzusetzen, »Ayrton war eine Inspiration, nicht nur für mich. Er war ein Symbol, er hat dem Sport so viel gegeben.« Für Sennas Freund Gerhard Berger markiert der Todestag immer noch jenen Moment, »als die Sonne vom Himmel fiel«. Imola entkräftet vor allem einen der Senna-Glaubenssätze: »Jeder Fahrer hat sein Limit. Meines liegt ein bisschen weiter als das der anderen.« Die Erinnerung stirbt nie.

Privat ist er ganz anders als auf der Rennstrecke – nur die Nachdenklichkeit über Gott und die Welt nimmt Senna mit in sein Privatleben. Als Ausgleich dienen ihm Begegnungen mit Straßenkindern ebenso wie die Entspannung mit Nichten und Neffen, direkt neben ihm der heutige Rennfahrer Bruno Senna.

Mass, Stuck, Stommelen | Die Drei von der Tankstelle

Mass-Arbeit: Jochen Mass 1979 im Arrows-Ford in Monte Carlo.

Stuck-Werk: Hans-Joachim Stuck 1976 mit dem March 761-Ford V8 in Brasilien.

Rolf-Platz: Rolf Stommelen und sein Eifelland 21-Ford V8 1972 in Monte Carlo.

Zwei Jahrzehnte Deutschland in der Formel 1 kommen, was den Bekanntheitsgrad angeht, mit drei Namen aus: Jochen Mass, Hans-Joachim Stuck und Rolf Stommelen. Ein Trio voller Hoffnungen, die meisten davon leider nicht erfüllt. Talent ist vorhanden, nur die richtigen Chancen nicht. Die Genugtuung und die großen Erfolge holen sich die drei von der Tankstelle deshalb in Sportwagen-Rennen. »Sie waren die große Hoffnung für alle deutschen Fans, vor allem aber haben sie eine Zeit geprägt, in der noch alles freundschaftlich locker war in diesem Sport«, erinnert sich Ferdi Kräling. Und bei allen Nicht-Erfolgen: Mass, Stuck, Stommelen haben die Formel 1 in Deutschland überhaupt aufrechterhalten.

Kein Geringerer als Jackie Stewart prophezeit: »Jochen Mass ist der kommende Weltmeister.« Doch in 105 Formel 1-Rennen zwischen 1973 und 1982 ist dem gelernten Matrosen nur ein Sieg vergönnt – und über dem liegt noch ein Schatten. Am 27. April 1975 liegt er auf dem gefährlichen Stadtkurs von Barcelona, den späteren Olympiaberg Montjuich hinauf, in Führung, als Rolf Stommelen in die Zuschauer rast. Das Rennen wird abgebrochen, Mass – mit halber Punktzahl – zum Sieger erklärt. Das Pech ist sein zuverlässiger Begleiter und die Intrigen anderer. Nach mehreren schweren Unfällen entscheidet sich der Gefühlsmensch Mass zum Ausstieg aus der Königsklasse: »Jeder hat nur eine bestimmte Portion Glück. Meine ist aufgebraucht.« Schon das Debüt 1973 in Silverstone ist von Schicksal geprägt: Nach einer von Jody Scheckter ausgelösten Massenkarambolage scheidet Mass in der ersten Runde aus. Und auch der Schlusspunkt ist dramatisch, als neun Jahre später beim Training zum Großen Preis der Kanadier Gilles Villeneuve mit ihm kollidiert und der Ferrari-Pilot dabei ums Leben kommt. Rennsport bedeutet dem Lebemann viel, aber eben nicht alles.

Er ist der Gaudi-Bursch, und das liegt in der Familie. Hans-Joachim Stuck, der Sohn des »Bergkönigs«, hätte aber gern noch mehr Spaß gehabt bei seinen 74 Grand-Prix-Rennen zwischen 1974 und 1979. Doch wenn es um Größe geht, dann bleibt es meist bei den stattlichen 1,94 Metern, die er misst, und von denen der Spitzname »Strietzel« stammt, frei nach dem lang gezogenen Gebäck. Unterlegenes Material, nicht mangelndes Talent sind Schuld. Aber die Zeit bei March und Brabham, bei Max Mosley und Bernie Ecclestone, die schult ihn auch außerhalb des Cockpits. Stuck, der Draufgänger, schafft es zweimal auf den dritten Platz – einmal davon beim Heimspiel auf dem Hockenheimring. Weniger glücklich verläuft der Patriotismus mit dem ATS-Team. Richtig heimisch und weltmeisterlich wird er erst bei Porsche, Audi und BMW – wo seine Cockpits ein Dach haben.

Er kommt vom Bergrennsport, aber der Gipfel auch seiner Rennfahrerkarriere soll – natürlich – die Formel 1 sein. Rolf Stommelen wird in 54 Rennen von 1969 bis 1978 ein dritter Platz (beim Großen Preis von Österreich 1970) während seines ersten und erfolgreichsten Jahres gut geschrieben. So glücklich wird er eigentlich nie mehr, als er durch verschiedene Teams vagabundiert. Auffällig sind allein die Design-Experimente eines Luigi Colani mit dem Rennwagen des Eifelland-Teams, den Stommelen fahren muss. Das Einzige, vor dem sich der Spätberufene, der erst mit 20 zum Motorsport kommt, weil ihm der Vater zur bestandenen Prüfung einen Porsche schenkt, wirklich immer fürchtet, sind Materialfehler. Er weiß, warum. Beim schrecklichen Unfall 1975 in Barcelona sind es die Verstrebungen am Heckflügel seines Lolas, die sich lösen, der unkontrollierbare Bolide rast in die Tribünen. Nach dem Tod von fünf Zuschauern glaubt der Rheinländer, das Schlimmste hinter sich zu haben, was einem in einer Rennfahrerkarriere passieren kann. Er irrt, leider. Beim Sportwagenrennen 1983 in Riverside wird ihm wieder ein abgebrochener Heckflügel zum Verhängnis, der Fahrer überlebt die schweren inneren Verletzungen des Unfalls nicht.

Stefan Bellof | Der Vielversprechende

Die Karriere von Stefan Bellof, die so früh und auf so tragische Art und Weise zu Ende geht, wird immer eine von jenen bleiben, angesichts der sich die Menschen fragen werden: »Was hätte aus dem noch werden können?«
Doch es bleibt leider immer nur das, das gewesen ist: Stefan Bellof, war zusammen mit Manfred Winkelhock der beste Rennfahrer Deutschlands in den 1980er-Jahren, und beide verlieren im »schwarzen« Rennjahr 1985 ihr Leben. Zu Stefan Bellof hat Ferdi Kräling eine ganz besondere Beziehung: »Wir haben uns auch privat hervorragend verstanden. Vor der Kamera machte er alles, was man sich vorstellen konnte, und das mit großer Freude.
Ich wünschte mir, die heutigen Fahrer hätten nur einen Bruchteil von dem, was Stefan an Freude und Leichtigkeit jeden Tag rüberbrachte. Welchen Typen wir verloren haben, kann man auf den Fotos gut erkennen.«

Auf Anhieb schnell zu sein, damit kann Stefan Bellof schon beim Einstieg mit 16 in den Kart-Sport imponieren. Im Galopp geht es weiter, durch die Formel Ford und Formel 3 und 1982 auch umgehend in der Formel 2, wo er Streckenrekorde nach Belieben aufstellt. Er schafft es mit Porsche in die damals großartige Langstrecken-Weltmeisterschaft, und sein spielerischer Umgang mit den stärksten Rennwagen bringt ihn auch in die Formel 1. Die »Auto-Zeitung« komplimentiert: »Das Naturereignis.« Unterzeile: »Nur Bellof ist derzeit in der Lage, das Erbe von Caracciola und Trips anzutreten.« Seine Lebensgefährtin Angelika Langner hatte eine noch viel persönlichere Wahrnehmung, die des Menschen Stefan Bellof: »Alles wurde sofort heller, schöner, positiver.«

Alles, was Bellof tut, erscheint so vielversprechend. Teamchef Ken Tyrrell ist 1984 ziemlich stolz auf diesen jungen Wilden aus Old Germany, der sich nach einem undurchsichtigen Vertragspoker schon fast aus der Formel 1 gekegelt hat, ehe er überhaupt richtig in einem Rennwagen sitzt. Sein Talent wird schnell allen klar, und die Späher überlegen schon, wohin sich seine Karriere lenken lässt. Die »Gewichtsaffäre« um die Tyrrell-Rennwagen kostet Bellof den großartig erkämpften dritten Platz von Monaco. Es regnet in Strömen am Hafen von Monte Carlo,

Blick-Kontakte: Alles das, was Stefan Bellof noch vor sich gehabt hätte – mit dem Tyrrell-Rennwagen und seiner Lebensgefährtin Angelika.

und plötzlich zählt nicht das Material, nur das Talent. Bellof steht auf dem 20. und letzten Startplatz. Aber er schiebt sich unermüdlich nach vorn, während die Routiniers reihenweise ausscheiden. Vor der Mirabeau-Kurve quetscht er sich am Ferrari von René Arnoux vorbei und ist Dritter, ehe das Rennen nach 32 von 77 vorgesehenen Runden abgebrochen wird. Später werden dem Team und den Fahrern alle Punkte gestrichen. Aber der Achtungserfolg bleibt dem »Stibbich« für immer.

Er bleibt auch 1985 Tyrrell treu, fährt parallel Formel 1 und Sportwagen. Am 1. September steht ein Einsatz mit dem Brun-Porsche in Spa auf dem Programm. Im gefürchteten Streckenabschnitt Eau Rouge wird Bellof, der alle Unfälle, Rückschläge und Niederlagen zuvor scheinbar so cool verkraften konnte, vom Glück verlassen. In der Senke, an der Überholen eigentlich unmöglich ist, schert er aus, um mit dem 956er an Jacky Ickx vorbeizuziehen. Der Belgier lenkt nach links, die Wagen kollidieren – Bellof landet in den Leitplanken. Als sich Qualm und Rauch lichten, werfen Helfer Decken über das Wrack. Ein Leben für die Geschwindigkeit ist zu Ende. Viel zu schnell. Stefan Bellof hat dem Motorsport so viel gegeben, viel mehr als nur gigantische Rennen, Siege und Meistertitel. Er hat einen hohen Preis für die Leidenschaft bezahlt. Man nennt das wohl Schicksal.

Danner, Weidler, Schneider, Winkelhock

Quartett aussortiert

Um kurz vor acht wird die Pole-Position auf dem Hockenheimring noch von der Kehrmaschine gehalten. Für die etablierten Formel 1-Piloten ist es viel zu früh. Aber der Andrang auf einen Startplatz ist so groß, dass eine Vorqualifikation her muss, um die freien Plätze fürs Training zu ermitteln. Zur Frühschicht müssen im Jahre 1989 regelmäßig die Herren Christian Danner, Volker Weidler, Bernd Schneider und Joachim Winkelhock antreten. Und die von dem Quartett vertretenen Rennwagenfarben Rial, Zakspeed und AGS lassen schon erahnen, dass ihr Grand-Prix-Wochenende nach der frühen Stunde meistens auch schon wieder erledigt ist. Es ist die Zwischengeneration, sie sind die Vorboten des Schumi-Booms – und das ist ein ziemlich undankbarer Job. Die Formel 1 bedeutet den Deutschen zu dieser Zeit reichlich wenig. Mangelndes Interesse gleich weniger Geld gleich mangelndes Material. Eine einfache, wenn auch ungerechte Rechnung. Kein Vergleich zu den Franzosen zu jener Zeit, die von den auf dem Automobilsektor engagierten Staatskonzernen gefördert werden und mit sieben Piloten im Feld eine Großmacht stellen. Der Entschluss dazu beginnt bei ADAC, AvD und den deutschen Herstellern zu reifen.

Sich als Sohn des bekanntesten deutschen Unfallforschers ausgerechnet in den Rennsport zu wagen, zeugt schon vom sonnigen Gemüt des Christian Danner. Die Aufnahmeprüfungen Formel 2 und Formel 3000 hat er mit Bravour bestanden, als er 1985 in Belgien debütiert. In 36 Formel 1-Rennen fällt er allerdings 21-mal aus, so gesehen sind seine vier WM-Pünktchen gar nicht sooo schlecht. Drei davon holt er 1989 für Rial-Cosworth. Dass er es trotzdem schafft, sich als Teamchef in Nordamerika und dann vor allem als Co-Kommentator bei RTL einen Namen zu machen, spricht für seine Geschäftstüchtigkeit.

Sieben auf einen Streich: das sympathische französische Nationalteam (von links: Pironi, Arnoux, Tambay, Beltoise, Depailler, Laffitte und Jabouille) kommt zusammen auf 788 Grand Prix und 806 Punkte.

Entlassen wird er von dem schwer umstrittenen Rial-Teamchef Günter Schmid ausgerechnet, weil es Differenzen um angeblich fehlende Sponsorengelder gibt. Aber sein Glück hat Danner trotzdem in der Formel 1 gemacht.

Auch Volker Weidler versucht sich 1989 im Rial, scheitert allerdings zehn Mal an der Qualifikationshürde. Zwei Jahre später ist er Le Mans-Sieger, muss sich dann aber – als Führender der japanischen Formel 3000 – wegen eines Tinnitus aus dem Motorsport zurückziehen.

Joachim Winkelhocks Formel 1-Gastspiel dauert nur eine halbe Saison, auch er kann sich mit dem französischen AGS sieben Mal nicht qualifizieren und zieht seine Konsequenzen. Der jüngere Bruder von Manfred Winkelhock macht sich fortan als »Smoking Jo« in allen bedeutenden Tourenwagenrennen der Welt einen Namen, einen eigenen.

Bernd Schneider ist ein Leidensgefährte jener Formel 1-Jahre, genannt für 34 Große Preise, schafft er es in die Ergebnisliste von neun Formel 1-Rennen, meist allerdings mit Ausfällen. Eine deprimierende Zeit bei Zakspeed und ein kurzes Gastspiel bei Arrows bestärken den Saarländer darin, in die Tourenwagenwelt und in zuverlässige Autos umzusteigen.

Es ist die Saison, an deren Ende sich Deutschland politisch radikal verändern wird. Und der sportliche Wandel steht auch kurz bevor, denn ein gewisser Michael Schumacher steigt als Lehrling in den Mercedes-Sportwagen …

Abgang: Christian Danner, Bernd Schneider, Joachim Winkelhock und Volker Weidler auf dem Randstreifen, und das nicht nur symbolisch.

Michael Schumacher
Der Perfekte

Der Daumen. Die rote Kappe. Das Kinn. Der Spitzname. Ist es das, was abseits der ganzen Zahlenorgie einer einmaligen Karriere bleibt? Oder sind es doch die sieben Weltmeistertitel, die 91 Siege und 68 Pole-Positionen sowie 1369 WM-Punkte in fünfzehneinviertel Formel 1-Jahren? Man könnte ein ganzes Buch darüber schreiben, aber das gab es schon: »Mensch Schumi«. Wo anfangen, wo aufhören. Seine Ära prägt die Formel 1 mehr als alle anderen. Er steht deshalb auch hier am Ende der Galerie der Charakterdarsteller, da steht er gut. Ferdi Kräling fällt dazu nur eine Vokabel ein: »Begnadet«.

Die Konsequenz, die in ihm wohnt, macht aus der Formel 1 eine Formel Schumi, und die Deutschen sind in der Königsklasse plötzlich wieder wer, endlich wer. Michael Schumacher etabliert den Motorsport auch in der Heimat neu. Gefürchtet, geachtet, aber nicht geliebt. Gegen das Image hat er nie etwas unternommen, zeitweise erscheint es wie eine sich selbst erfüllende Prophezeiung. Rammstöße, Affären, Bestrafungen sind ausführlich dokumentiert. Und trotzdem Respektperson durch und durch. Aber dass hinter einem, der auf der Piste so erfolgreich lange wie kein anderer den großen Macker gibt, auch eine nie ganz abgelegte Schüchternheit steckt, wird immer nur im Ansatz klar. Sich selbst treu zu bleiben, ist ihm wichtiger. Den öffentlichen Vorwurf, nicht an Sennas Grab gestanden zu haben, kontert er nie. Dabei nimmt er ein Jahr nach der groß inszenierten Beerdigung Abschied, ganz allein.

Ein Solist eben, mit vielen unbekannten Seiten. Wenn sich das Skicamp von Ferrari vor Saisonbeginn dem Ende zuneigt, werden die Verstärker der Karaoke-Anlage auf Wunsch des PS-Sinatras Michael Schumacher noch einmal höher gedreht: »I did it my way.«

Rosberg, Heidfeld, Glock, Vettel, Sutil

Renn-Quintett

Diese Herren kommen nach Schumacher: Rosberg, Heidfeld, Glock, Vettel und Sutil.

2008 ist die Formel 1 zum ersten Male seit 17 Jahren eine Schumacher-freie Zone, aber trotzdem ist einig' Raserland bestens vertreten. Es ist die Generation der Schumi-Erben, die das Geschehen von nun an bestimmen will. Den Grand-Prix-Fernsehsport kann das nur beleben: Deutschland sucht den Superfahrer.

Fünf Stammfahrer auf einen Streich – die Deutschen stellen die stärkste Fraktion im Starterfeld: Nico Rosberg (Williams), Nick Heidfeld (BMW-Sauber), Timo Glock (Toyota), Sebastian Vettel (ToroRosso) und Adrian Sutil (Force India) vertreten die – selbsternannte – Autofahrernation Nummer eins. Dazu mischen Mercedes, BMW und das in

Köln ansässige Toyota-Team auch in der Markenwertung mit. So viel Deutsch war nie, nimmt man mal die bis zu zwölf Einzelstarter Anfang der 1950er-Jahre aus. Es ist der Beweis, dass der Spitzensport Formel 1 auch in die Breite gehen kann. Das spannende am Renn-Quintett sind aber die unterschiedlichen Typen.

Nico Rosberg ist der Sonnige: Drei-Wetter-Taft hätte den Sonnyboy längst zur Werbefigur machen sollen: Egal wie das Wetter ist, die blonde Surfer-Tolle, die er sich so telegen unter den Helm drapiert, sitzt. Außerdem hat er wirklich Manieren, und so gar nix von einem verwöhnten Bürschchen. Clever, smart und schnell - die Kombination ist relativ selten. Alles fällt ihm leicht, das kann nicht nur am Weltmeister-Vater liegen. Williams hat ihn mit 22 zum Junior-Chef gemacht. »Das nächste große Ding«, sagt Frank Williams über ihn. Sein treuer Husar verbringt den Winter mit Bergsteigen, für Kondition und Konzentration. Und um den Weg nach oben zu üben.

Nick Heidfeld ist der Zähe: Doch, doch, er kann aus seiner Haut raus. Über sich hinauswachsen, also über einsfünfundsechzig hinaus. Jede Techno-Disco verlässt er als Sieger, auf der Rennstrecke muss er so lang wie kein anderer darauf warten. Aber die rasante Entwicklung des BMW-Konzernteams, die geht zum großen Teil auch auf seine Kappe. Heidi mag ja schmächtiger und stiller sein als andere, aber er ist auch zäher. Wie Berti Vogts, der andere Gladbacher: Beißer unter sich, Durchbeißer.

Timo Glock ist der Handfeste: Hat sich für sein Comeback in der Formel 1 (war 2004 schon mal Ersatzpilot bei Jordan, zwei WM-Punkte) ein Vierteljahr lang in der Klinik aufgehalten - bei Schumachers Ex-Trainern in Bad Nauheim. Bringt aus der zweiten Liga der Formel 1 den Titel mit, als Nachfolger von Nico Rosberg und Lewis Hamilton. Noch länger trägt er ob der Zweikampfstärke den Spitznamen »Kampfdackel«, einst von einem Streckensprecher verliehen. Deshalb hat er sich einen stilisierten Hund auf den Helm malen lassen, und zu Ehren des neuen Arbeitgebers Toyota, der ihn als Ralf-Schumacher-Ersatz verpflichtet hat, trägt dieser nun Stirnband und japanische Schriftzeichen. Übersetzt steht dort: »Sohn des Windes«. Doch ein Windhund ist Glock sicher nicht, sondern ein bodenständiger Handwerker. Mit Gesellenbrief als Gerüstbauer.

Sebastian Vettel ist der Lustige: Ein Deutscher, der britische Spaßmacher zum Lachen findet? Ziemlich komisch, oder? Sebastian Vettel ist das breite Grinsen ins Gesicht gelegt. Zum Smiley passt der rasende Aufstieg: 2007 als Ersatzmann für Robert Kubica jüngster Punktgewinner der Grand-Prix-Geschichte, dann von ToroRosso abgeworben und mit dem Hinterbänkler-Team in Shanghai einen vierten Platz geholt. Deutschland ist sich nur beim Spitznamen noch nicht einig: Baby-Schumi? Bonsai-Schumi? Bubi-Schumi? Was wenige wissen: Am liebsten wäre der Seppi Fahrradkurier geworden. Kein Witz.

Adrian Sutil ist der Virtuose: Die Klaviatur der Public Relations beherrscht er bald besser als sein Kumpel Lewis Hamilton, und das ist am Ende des Feldes noch wichtiger als ganz vorn. Piano, in Anlehnung an den musikalischen Vater und die eigene, mit sieben Jahren gestartete Konzert-Karriere, wäre nach dem Debütjahr vielleicht angebrachter, als ihm der Titel des Dreherkönigs nicht zu nehmen ist. Immerhin fährt er aber im Regenchaos von Fuji auch den ersten WM-Punkt ein, und in Monte Carlo ist es 2008 fast wieder so weit - bis ihm Weltmeister Kimi Räikkönen ins Heck kracht. Zweifel kennt der Spätstarter aber nicht: »Es ist ganz wichtig, dass man selber weiß, was man kann. Und das muss man sich auch immer wieder sagen. Das machen übrigens alle Fahrer - jeder muss glauben, dass er der Beste ist.«

Die nächste Rennfahrergeneration made in Germany: Rosberg, Heidfeld, Glock, Vettel und Sutil wollen dem Anspruch als Erben der Schumacher-Jahre genügen.

Vater und Sohn, das ist eine besondere Beziehung, in diesen Fällen eine besonders rasante. Die erste Generation ist – zumindest was die Statistik angeht – in der Formel 1 die erfolgreichere. Aber genau das weckt immer wieder den Ehrgeiz des Nachwuchses. Auch im Hause Kräling übrigens.

Family Business

Achtmal in der Grand-Prix-Historie haben es Vater und Sohn bislang in die Formel 1 geschafft. Es sind meist erfolgreiche Familienbande, beschleunigt vom Gedanken, dass es die Jüngeren den Älteren zeigen wollen – was sich nicht groß vom richtigen Leben unterscheidet. Aber die Umstände, die scheinen den Ehrgeiz noch zu beschleunigen. Anfang der 19880er-Jahren besitzt Damon Hill nicht viel mehr als den großen Namen von Vater Graham, der 1962 und 1968 Weltmeister geworden ist, und der auch die 500 Meilen von Indianapolis und die 24 Stunden von Le Mans gewonnen hat. Dann stürzt der Champion, der nach dem Karriereende 1975 das Embassy-Team gründet, mit seinem Privatflugzeug ab, fünf Menschen sterben mit ihm. Die Piper Aztec war nicht versichert, und deshalb muss nicht nur das Schloss der Familie verkauft werden, auch Hill junior hat mit seinen ersten Prämien in der Formel 1 noch die letzten Schulden des Vaters abzustottern. Er schlägt sich als Motorradkurier für eine Arzneimittelfabrik durch, und Frau Georgie schlägt zuhause manchmal die Teppiche hoch, um dort nach heruntergefallenen Münzen zu suchen. Das macht offenbar hart und clever genug, um eine eigene Formel 1-Karriere zu starten. Und es schult sogar so weit, sich 1996 gegen einen Michael Schumacher durchsetzen zu können – hartgesotten wie der Herr Papa schafft der nicht immer von der britischen Presse geliebte Hill es damit als Erster, es dem großen Vater gleichzutun. »Ich hatte gar keine andere Chance, ich musste meinem übermächtigen Dad einfach nacheifern«, sagt Damon Hill über den unterschwelligen psychologischen Druck, der auf Rennfahrerfamilien lastet.

Halbwaisen-Schicksal, auch Jacques Villeneuve wird davon nicht verschont. Nicht mal zehn Jahre ist der Kanadier alt, als sein Vater Gilles beim Trainingsunfall in Zolder sein Leben verliert. Eine Zeit lang sieht es so aus, als ob der Schweizer Internatsschüler seine Zukunft im Skisport findet, aber dann siegt doch der Grip der Familiengeschichte. Die Verehrung ist auf Anhieb so groß wie bei Villeneuve senior, doch um die Formel 1 macht der rebellische Sohn erstmal einen größeren Bogen. Und er gewinnt in Nordamerika, was zu gewinnen ist: den Indy-Car-Titel und die 500 Meilen von Indianapolis. Dann holt ihn Frank Williams, der auch schon Damon Hill für die Formel 1 aktiviert hat, in die Königsklasse. Als Kronprinz steht er 1996 bereits im ersten Rennen auf der Pole-Position, schafft im vierten Rennen gleich den ersten Sieg und wird am Ende Vize-Weltmeister. Im zweiten Grand Prix-Jahr liefert er sich den legendären Kampf mit Michael Schumacher, der in der Karambolage von Jerez gipfelt. Wieder eine Parallele zu Hill, aber sonst kein Vergleich: Der extrovertierte Villeneuve, der hinter seinem impulsiven Verhalten einen gnadenlosen Egoismus pflegt und eine noch größere Karriere verschenkt, weil er an die Selbstverwirklichung als fahrender Teamchef bei der um ihn herum aufgebauten Riege von BAR glaubt, bleibt stets ein Liebling beim Publikum. Keine Frage, da schwingt immer noch die grenzen- und generationslose Verehrung für den großen Gilles mit, den nicht nur Jackie Stewart für das »stärkste Herz der Formel 1« gehalten hat. An der Rastlosigkeit von Jacques hat vielleicht das übergroße Vorbild aus der eigenen Familie seinen Anteil, kaschiert vom schnoddrigen Ansatz: »Ich mache nur, worauf ich Lust habe.« Ein Ansatz, an dem man eigentlich nur scheitern kann,

Richtungsweisend: Die Liebe zur Fotografie und zum Motorsport wird im Hause Kräling auch in Zukunft gepflegt. Ferdi Kräling hat die Geschäfte an Sohn Bodo übergeben.

denn die Epochen der beiden sind – dieses Buch zeigt es eindrücklich – kaum miteinander zu vergleichen. Und dennoch sagt Mutter Joanne: »Wenn ich Jacques betrachte, sehe ich so viele Ähnlichkeiten mit Gilles, vor allem den großen Mut und die Aufrichtigkeit.« Der junge Villeneuve, sicher einer der Intelligenteren in der PS-Branche, hat sich einmal als »entschärfte Version« seines Vaters bezeichnet, und vielleicht ist er deshalb so renitent geworden, wenn ihn Marketingstrategen in ein bestimmtes Image zwingen wollten. Er habe oft daran gedacht, was sein Vater in solchen Situationen wohl getan hätte, und kam zu dem Schluss: »Er hätte den Rennwagen wohl stehen gelassen.« Jacques Villeneuve selbst war diese Selbstbestimmung am Ende seiner Formel 1-Karriere nicht bestimmt, im Sommer 2006 entlässt ihn BMW-Sauber mitten in der Saison.

Dynastien im Rennsport, das sind Geschichten so recht nach dem Geschmack der US-Amerikaner, echte Familientradition. Nicht nur an Thanksgiving, sondern an jedem Rennwochenende. Ob bei den Unsers, den Foyts oder den Bettenhausens. Das gibt unabhängig vom Erfolg einen Herz-Schmerz-Bonus. Aber der Erfolg ist meist auch da, als ob bei den Petrolheads wirklich Familiengeheimnisse von Cockpit zu Cockpit weitergereicht werden. In Deutschland vollziehen das die Stucks gerade im Kleinen, die Winkelhocks haben es auch getan. Bei den Andrettis muss eine eigene Webseite her, um die sportlichen Familienverhältnisse zu klären. Und ganz nach dem Geschmack der Mentalität werden dort »Drei Generationen einer siegreichen Tradition« abgebildet. Papa Mario ist als Formel 1-Champion von 1978 und als Indy-Triumphator von 1969 der Ur-Vater. Der Einwanderersohn aus Istrien gehört zu den populärsten Rennfahrern Nordamerikas. Sohnemann Michael probiert als Indy-Car-Champion 1993 ebenfalls den Sprung über den großen Teich, aber mehr als zehn Führungsrunden in 13 Rennen für McLaren wollen nicht herausspringen, das führt zum schnellen Erkalten einer ohnehin nicht sehr leidenschaftlichen Liebe. Ron Dennis schasst den Nebenmann von Ayrton Senna, der mit so großen Vorschusslorbeeren gestartet war. »Aber mein Plan war von Anfang an zum Scheitern verurteilt«, sagt Andretti heute. Neben einem dritten Platz in Italien bleiben viele Dreher in Erinnerung, und das, was man »unfinished business« nennt. Doch in Bethlehem, Pennsylvania, tritt ein junger Mann namens Marco an, um auf den Spuren von »Super-Mario« zu wandeln. Innerhalb von vier Jahren hat er sich aus dem Kart in die Indy Cars katapultiert, und Papa Michael kommt seiner Aufsichtspflicht vorbildlich nach – der ist nämlich sein Teamchef.

Keke Rosberg und Sohnemann Nico pflegen ebenfalls eine innige Beziehung. Papa Rosberg, dem 1982 das Kunststück gelang, mit nur einem Sieg Formel 1-Champion zu werden, hat sehr behutsam, aber seiner Art entsprechend dann doch auch sehr bestimmend, die Karriere des Sprösslings Richtung Formel 1 gelenkt. Dort angekommen, zeigt sich, dass der Junior seinen eigenen Kopf hat – und von zuhause reichlich Cleverness und Geschäftstüchtigkeit mitbekommen hat. Talent sowieso, und auch er pflegt es beim Williams-Rennstall – so soll sich ein Kreis schließen. Nico Rosberg hat begonnen, sich selbst zu vermarkten, und er hat bei Frank Williams Mitspracherechte und einen Führungsanspruch durchgesetzt. Das scheint ausgerechnet dem gegenüber Fahrern sonst so unerbittlichen Teamchef beinahe zu rühren – das Verhältnis zwischen den beiden kommt einem fast wie eine gedankliche Adoption vor. Die eigene Erwartungshaltung von Nico Rosberg konkurriert natürlich mit der des berühmten Herrn Papa: »Ein bisschen« fahre er auch um die Anerkennung, gesteht er, »ich möchte, dass er stolz ist auf seinen Sohn. Und je älter ich werde und je mehr Rennen ich fahre, je besser lerne ich meinen Vater kennen.« Was das Rennfahren angeht, möchte er – ähnlich wie sein Schulkamerad Nelsinho Piquet – dass sich der Erziehungsberechtigte raushält. Beinahe sarkastisch reagiert er auf entsprechende Tipps: »Ja, Papa, ich weiß, das Weiße auf dem Asphalt ist der Randstreifen ...« Da will einer seinen eigenen Weg machen. Next generation Formel 1.

Gilles & Jacques | Villeneuve

Melancholie hat Gilles Villeneuve nur im Blick, seine Fahrweise ist jedenfalls eine völlig andere. Nicht einmal sechs volle Jahre kann er mit Ferrari in der Formel 1 erleben. In den Herzen der Fans lebt er jedoch bis heute weiter.

Kann Draufgängertum vererbt werden? Offenbar schon, zumindest in kanadischen Rennfahrerfamilien. Ganz wie es ihrem Heimatstaat Quebec entspricht, präsentieren sich Gilles und Jacques Villeneuve: Freiheitskämpfer in eigener Sache.

Auch nur ein kurzes Glück ist Kronprinz Jacques in der Königsklasse vergönnt. Zwei glücklichen Jahren und einem Titel bei Williams folgt der unaufhaltsame Abstieg. Gern zu Tal stürzt er sich für gewöhnlich aber nur auf Skiern.

Es ist, was die Erfolge angeht, eine eher einseitige Familiengeschichte: Jack Brabham überstrahlt mit drei Weltmeistertiteln die seines Sohnes David bei Weitem. Kein Wunder: Das australische Idol hat auch über 100 Rennen mehr bestritten in den 1960er-Jahren.

Jack & David | Brabham

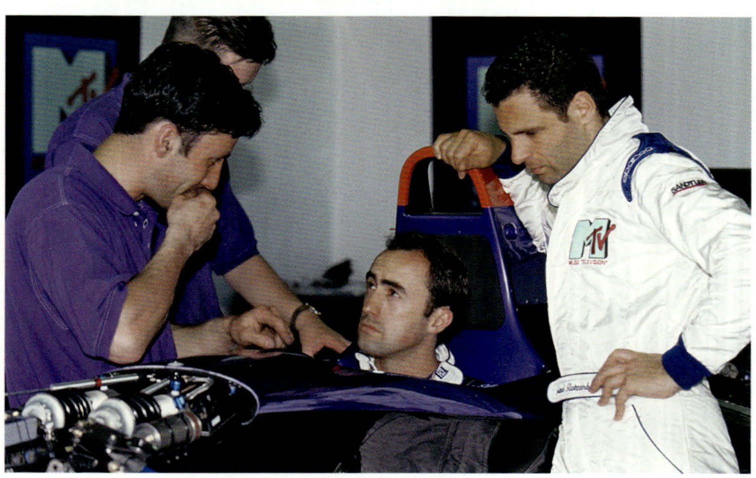

Den kessen Blick hat Klein-David in jedem Fall vom Papa. Mit dem Geschick, in der Formel 1 vorn zu sein, hapert es allerdings etwas. Jack Brabham holt nicht nur drei Titel, den letzten 1966 schafft er auch in der Doppelfunktion als Teamchef. David, jüngster von drei Söhnen, suchte in 24 Rennen vergeblich den Erfolg, zuletzt 1994 bei Simtek.

LES LESTON

Mario & Michael | Andretti

Als Gastarbeiter in der Formel 1 wird nur Mario Andretti richtig glücklich, 1978 als Champion im Lotus. Sohn Michael versucht sich in der neuen Heimat der italienischen Auswanderer – und hat in den US-Rennserien weit mehr Fortune als im Grand-Prix-Sport.

We are family: Mario Andretti, Gattin Dee Ann und Sohn Michael.

Heftige Bruchlandung: Michael Andretti und Gerhard Berger landen 1993 in Brasilien in den Reifenstapeln. Nach 13 Rennen ist die Formel 1-Laufbahn des US-Amerikaners auch schon wieder zu Ende.

Blaue Stunde: Ein Jahr nach seinem Weltmeistertitel 1978 stürzt der Lotus-Pilot auf den zehnten WM-Platz ab. Platz drei in Spanien soll das beste Resultat für den erfolgsverwöhnten Piloten bleiben.

Moderne Haushaltsführung: 20 Jahre ist Graham Hill mit seiner Bette verheiratet, und die Mutter von zwei Töchtern und Sohn Damon macht sich auch in der Boxengasse nützlich.

Graham Hill 1968 mit
Fürstin Gracia Patricia.

Auch ein Graham Hill muss warten,
bis die Schrauber fertig sind.

Damon Hill schafft den Schnellstart
nach dem Boxenstopp.

Graham & Damon | Hill

Die Engländer haben ein Faible für Dynastien, und die Hills erfüllen diesen Traum auf der Piste: Zusammen drei Titel und fünf Vizeweltmeisterschaften fahren Vater und Sohn ein. Aber auch hier bleibt der Daddy der dominante Part.

Damon Hill hat vom Vater nicht nur das Helmdesign, sondern auch die Lebensfreude übernommen. Mit Gattin Georgie nimmt er an Benefizveranstaltungen teil, nachdem das erste Kind der beiden mit dem Downsyndrom geboren wird.

Keke & Niko | Rosberg

Wer behauptet, dass die Skandinavier kein Temperament besitzen? Keke Rosberg gehört zu den unterhaltsamsten Formel 1-Piloten, und sein mit deutschem Pass ausgestatteter Sohn sicher zu den überlegtesten. Doppelte Coolness also.

Das nennt man Effizienz: Mit nur einem Sieg im Williams wird Keke Rosberg 1982 Weltmeister.

Familienglück, meist in der Wahlheimat Monte Carlo zelebriert. Keke Rosberg, seine aus Deutschland stammende Gattin Sina und Klein-Nico zu Zeiten, als noch der Vater die Herausforderung auf der Rennstrecke sucht.

Von der Haarpracht her vergleichbar, von der Härte und dem Talent her auch. Nico Rosberg heuert dort an, wo sein Vater triumphierte – bei Williams.

Nelson & Nelsinho | Piquet

Nicht ganz Brasilien spricht immer nur über Senna – Nelson Piquet war mit drei WM-Titeln ebenso erfolgreich, ebenso impulsiv, aber vielleicht einen Tick mehr lebensfreudiger. Diesem Profil muss seit 2008 auch Nelson junior genügen.

Stimmungsmacher: Nelsinho Piquet bei der Fahrerparade vor dem Rennen, der Herr Papa bei der charmanten Nachbesprechung.

Mutterglück: Silvia, die Lebensgefährtin von Nelson Piquet Senior, entbindet ihren Sohn in einem deutschen Krankenhaus.

Zwei, die sich später auf der Formel 1-Piste wieder treffen: Weltmeistersöhne Nico Rosberg und Nelsinho Piquet.

Manfred, Joachim & Markus | Winkelhock

Schwäbische Bescheidenheit kann man das nicht nennen: Gleich drei Winkelhocks haben es in die Formel 1 geschafft. Führungsrunden waren Vater Manfred mit dem ATS-BMW nie vergönnt. Ein Vierteljahrhundert später gelingt das Sohn Markus gleich im ersten Rennen. Bruder Joachim hadert hingegen mit dem Material.

Wie aus dem Gesicht geschnitten: Manfred Winkelhock (links), der vor allem beim deutschen Rennstall ATS dem Glück hinterherfährt und 1985 in einem Sportwagenrennen ums Leben kommt – und sein Sohn Markus, der 2007 bei seinem einzigen Auftritt im Regenchaos auf dem Nürburgring mit einem Spyker in Führung geht. Joachim Winkelhock wendet sich 1989 nach zahlreichen Fehlqualifikationen mit einem AGS erfolgreicher dem Tourenwagensport zu.

Nicht sehen, nicht hören, nur gucken: Teamchef Günther Schmid, Motorenmann Paul Rosche und Manfred Winkelhock. Der Fahrer gilt als großes Talent, was man von den Rennwagen, die er Mitte der 1980er-Jahren in der Formel 1 pilotieren muss, nicht gerade behaupten kann.

Pechvogel: Manfred Winkelhock mit Motorschaden beim GP Österreich 1983 im ATS D6-BMW S4 tc.

Zwischen Bruderliebe und Bruderzwist ist es ein schmaler Grat, der manchmal sogar zum Bruderkrieg ausartet. Michael und Ralf Schumacher pflegen eindeutig verwandtschaftliche Beziehungen: Keiner schenkt dem anderen freiwillig etwas. An diesem besonderen Brüderpaar werden alle nachkommenden deutschen Rennfahrer gemessen.

Michael & Ralf | Schumacher

Renn-Zwillinge: Michael Schumacher und Ralf Schumacher fahren zehn Jahre lang zusammen in der Formel 1, aber selten sind sie mal gleichauf wie hier 2003 beim Training in Monte Carlo.

Kerpen grüßt den Rest der Welt: Am Ruhm des großen Bruders, der von den Zentimetern her eigentlich der kleinere ist, wäre Ralf Schumacher fast zerbrochen. Daran konnte auch der gleiche Manager, Willi Weber, nichts ändern. Erfolg lässt sich nicht beliebig kopieren, die Emanzipation war hart. Trotzdem darf er auf sechs Grand Prix-Siege stolz sein.

Bruder-Herz heißt bei den Schumachers immer auch Bruder-Schmerz. Michael Schumacher leidet, wenn es gegen Ralf geht – und Ralfs Leid ist die große Bürde, die der Erfolg von Michael ihm auflastet. Und so werden aus der eingangs zitierten Bruder-Liebe manchmal auch Bruder-Hiebe.

Die Sensation, dass es da zwei aus der Kerpener Kiesgrube an die Spitze der Königsklasse geschafft haben, war noch ganz frisch, da drängt der große Schumi (der zentimetermäßig eher der kleinere ist) den kleinen Schumi schon ab. Und Heinz-Harald Frentzen frohlockt: »Bin ich froh, dass ich Einzelkind bin ...«

Es folgen noch ein paar Szenen dieser gnadenlosen Güte, und da Michael, wenn es drauf ankommt, immer einen Tick härter und cleverer ist, erscheint meist Ralf als der Verlierer. Schwierig wird es, als dieser Zwist auch aufs Privatleben ausstrahlt, und die angetraute Dame namens Cora die Chance bekommt, sich in Szene zu setzen. So ist zu erklären, dass ein sichtlich genervter Ralf Schumacher zum Karriereende des sportlichen Familienoberhauptes nur bemerkt: »Wieder ein Fahrer weniger ...« Falsch ist allerdings die Annahme, dass es Schumi zwo nur so weit geschafft hat, weil er den großen Namen trägt. Keine Frage: Bei BMW hat er gezeigt, was in ihm steckt. Dass er bei Toyota daran scheitert, wie Michael eine ganze Rennmannschaft wie eine Ersatzfamilie um sich aufbaut, hat vielleicht mit den unterschiedlichen Charakteren zu tun – aber auch mit den unterschiedlichen Ausgangsbedingungen. Die geschichtliche Parallele bilden die Fittipaldis: Während der große Emerson 1972 und 1974 den Titel einfährt, muss sich Wilson bei 36 Versuchen mit einem fünften Platz begnügen. In diesem Fall ist allerdings der Jüngere vorn.

Wenn sich Ralf Schumacher in der letzten Runde des Großen Preises von Monaco noch vom Bruder überholen lässt, die Rennwagen dabei nur Zentimeter von einer Kollision entfernt sind, dann braucht er später nicht über Irrsinn klagen – er hat sich vermutlich erschrocken, wie viel Mut und Ehrgeiz da in seinem nächsten Verwandten stecken. Selbst Papa Rolf (»Ralf ist nun mal emotional, Michael ist da cooler«) kann nicht immer schlichten. Der Erstgeborene hat als Friedensangebot nur die Branchenweisheit: »So ist der Motorsport nun mal ...« Aber so gefühlskalt wie das klingt, ist es nicht gemeint: »Wir sind beide sehr wettbewerbsorientierte Rennfahrer, kämpfen auf der Strecke – jeder in seinem Interesse und im Interesse des jeweiligen Teams. Man vergisst dabei aber nie, dass es der eigene Bruder ist, den man liebt ...«

Solche Rennfahrerdynastien gibt es sonst nur in Nordamerika. Aber die Fittipaldis haben genügend Talent für eine südamerikanische Variante. Auch hier gibt es eindeutig ein sportliches Familienoberhaupt: Emerson, genannt »Emmo«, wird zweimal Formel 1-Champion.

Emerson, Wilson & Christian | Fittipaldi

Auch nicht mehr Glück: Christian Fittipaldi bestreitet Anfang der 1990er-Jahre 40 Rennen, vier mehr als Papa Wilson in den 1970ern.

Brüder nicht nur im Geiste: Emerson (links) und Wilson leben bei Copersucar auch den Traum vom eigenen Team.

Hier fährt der Chef noch selbst: Wilson Fittipaldi 1975 im Copersucar, später holt er Bruder Emerson ins Team.

Immer mobil: Emerson Fittipaldi startet einen zweiten Frühling bei den Indycars, und ist auch geschäftlich erfolgreich – wovon der Privatfuhrpark zeugt.

Brasil, Brasil: Emerson Fittipaldi holt seine WM-Titel 1972 mit Lotus und 1974 mit McLaren.

Formel 1 -Zuschauer haben die Qual der Wahl: Sie können für einen Fahrer sein, für ein Team, für ein Land – oder überhaupt für die ganze Sportart. Das macht ihr Erscheinungsbild so vielfältig, die Leidenschaft so groß.

Rang und Namen

Pilgerfahrt, das mag ja ein gotteslästerlicher Begriff in diesem Zusammenhang sein, aber er trifft es wunderbar für alle, die ihre Leidenschaft der Formel 1 schenken. So, wie die Rennwagen früher klare Farben hatten (Weiß für Deutschland, Grün für England, Blau für Frankreich und Rot für Italien), ist auf den ersten Blick zu erkennen, wer auf den Tribünen für wen ist: Heute steht Rot für Ferrari und damit die Mehrheit, Blau ist für BMW im Kommen, Silber von McLaren-Mercedes sprenkelt sich auch darunter. Aber es gibt auch die Exoten, die mit Kappen von alten Helden (Schumi Nummer eins) und noch älteren Teams (Tyrrell Racing) ihre Zugehörigkeit zu dieser Disziplin verkünden.

Das Rennen ist manchmal nur nebensächlich, gleichwohl der Sieg immer die Hauptsache bleibt. Aber es geht den meisten um das Zugehörigkeitsgefühl, und Racer sind im Grunde eine immer noch verschworene Gemeinschaft aus jenen Zeiten, als man gemeinschaftlich gegen das Vorurteil (Raser! Umweltverschmutzer!) ankämpfen musste. Rennstrecken sind auch die letzten Biotope für eine wunderbare Fankultur: Ausschreitungen gibt es im Prinzip nie, die Massenveranstaltungen kommen mit wenig Ordnungsmacht aus.

Die Fans, die tagelang auf dem Campingplatz im Wäldchen an der Autobahn bei Hockenheim ausharren, die sich im Schneckentempo auf den verstopften Straßen Silverstone nähern, die unterhalb des Palastes von Monte Carlo im Fels klammern und in Imola maulwurfartig einen ganzen Hügel zur Naturtribüne umgegraben haben, identifizieren sich vor allem mit dem Sport, und sie wollen den Kampf auf der Strecke sehen. Sie wissen, dass ihr Sport etwas komplizierter ist als andere, und sie respektieren das. Mancher, der sonst gar nichts mit höherer Mathematik am Hut hat, vergräbt sich plötzlich in die Strömungswissenschaft, um im Fanforum mit einer eigenen, fundierten Meinung zu glänzen.

Öffnen sich die Sicherheitszäune nach Rennende, um das Publikum schneller nach Hause zu bringen, spielen sich manchmal ergreifende Szenen ab: Dann kratzen erwachsene Männer mit dem Taschenmesser kleine Gummistückchen vom Asphalt, um ein Stück Pole-Position ihrer Idole mit nach Hause zu nehmen. Das Souvenir bekommt einen Ehrenplatz, garantiert. Und dieser Platz gebührt auch allen Formel 1-Fans. Aber dort sitzen ja schon die angeblich wichtigeren Personen.

Bau-Markt: Selbstgebaute Tribüne im Autodromo Nazionale in Monza.

Formel 1-Begeisterung kennt keine Grenzen und keinen Halt. Werbetafeln sind längst kein Hindernis, Zäune nur bedingt – und wo kein Platz ist, wird eben einer geschaffen. Und das Gedränge ist, ob in Monza, Monte Carlo oder Hockenheim, immer gleich groß. Auch die Zuschauer sind beim Grand Prix meist am Begrenzer.

Marlboro
Monaco '98

Mobil 1

Woher kommt diese unbändige Lust am Leben bei den Rennfahrern? Man muss kein großer Psychologe sein, um den Zusammenhang herzustellen, dass die Formel 1-Piloten bei ihrem Tun genau jenes Leben immer auch aufs Spiel setzen.

Natürlich gefallen sie sich in diesem Image, das von Männern, Motoren und Mädchen kündet. Luder als Begleiterscheinung gibt es auch schon immer, lange bevor der Begriff des »Boxen-Luders« erfunden wurde. Wer sich heute so positioniert, wird meistens von einer Werbefirma in dieser Rolle ins Fahrerlager geschleust, ohne das entsprechende Ticket gäbe es gar keinen Einlass für diese sogenannten Damen. Aber echt ist es nicht. An der Rennstrecke haben die meisten Formel 1-Beteiligten gar keine Zeit, keinen Nerv, kein Interesse an Ablenkung.

Privatalbum

Die Kyalami-Ranch. Das Sheraton in Rio. Die Pistenklause am Nürburgring. Orte, wie sie unterschiedlicher nicht sein könnten, aber die Belegschaft ist immer die gleiche. Und immer gleich lebensfreudig, um nicht zu sagen: ausgelassen. Wobei beide Vokabeln im Laufe der Abende durchaus als Untertreibung gelten dürfen. Die Partys nach den Rennen – und nicht selten auch die vor dem Grand Prix – gehorchen keiner präzisen Startaufstellung, und sie nehmen häufig ziellos ihren Lauf.

Mit jeder Lokalrunde aber manifestiert sich für das ganze Teilnehmerfeld die These, dass man vielleicht einem ziemlich gefährlichen Beruf nachgeht, aber dafür auch mit einem besonders schönen, zumindest ziemlich abwechslungsreichen Leben belohnt wird. Damit wird mit einem ganz alten Vorurteil des Motorsports aufgeräumt: Es ist nicht die Sehnsucht nach dem Tod, die die Rennfahrer treibt, es ist im Gegenteil eine unheimliche Gier nach Leben.

Die enorme Konkurrenz unter Rennställen und Konzernen sorgt zusammen mit der Tausendschaft des reisenden Personals dafür, dass sich die Reisegesellschaft Formel 1 an den Austragungsorten nicht mehr auf ein paar Hotels konzentrieren lässt, sondern weit verstreut ist. Ausschweifend kann es trotzdem werden, vor allem zum Saisonende, wenn die ganze Last von der Truppe abfällt – die Karaoke-Hütten von Suzuka und die Samba-Bars von São Paulo könnten viele Geschichten erzählen, wenn sie denn könnten.

So lebt phasenweise jener Korpsgeist auf, den die Artisten des Grand Prix-Zirkus über Jahrzehnte hinweg ganz natürlich pflegen, als das Gegeneinander auf der Rennstrecke mehrheitlich einem Miteinander in der Freizeit weicht. Es wäre eine gewagte Theorie, zu behaupten, dass diese Ausgewogenheit zu besseren Rennen, zu heftigeren Zweikämpfen geführt hat. Warum aber nicht? Leben hat in der Formel 1 auch mit Ausleben zu tun, in jeder Hinsicht.

Der Herr führt: Bernie Ecclestone macht bei seiner Interpretation des brasilianischen Karnevals keine schlechte Figur.

Beifahrer: Mike Hailwood mit seiner Freundin beim GP Frankreich 1973.

Die Formel 1 als Freizeitgesellschaft – manchmal genügen die Herrschaften auch sich selbst. Teddy Mayer, Jacques Laffite und James Hunt brauchen dazu nur ein Backgammon-Brett. Der König der Brettspiele bleibt jedoch Bernie Ecclestone.

Wasser marsch: Clay Regazzoni am Ball, Hans-Joachim Stuck auf der schwimmenden Tribüne.

Briefing in Badehosen: Graham Hill, Rolf Stommelen und Mario Andretti 1975 auf der Kyalami Ranch.

Vorlesen bildet: Max Mosley, Carlos Reutemann und Ronnie Peterson bei einer Mußestunde zwischen den Rennen.

Platz-Hirsche: Ken Tyrell, Rolf Stommelen und Niki Lauda vertauschen die Grundlinie mit der Ideallinie.

Entschleunigung finden die Rennfahrer in dem Moment, indem sie die Pool-Position einnehmen – und zwar mit Begeisterung. Die meisten genießen es, mit dem Gegner von der Strecke privat gut Freund sein zu können.

Beach-Boys: Carlos Reutemann, Emerson und Wilson Fittipaldi.

eraton H

Seh-Fahrt: Jochen Mass kommt die Matrosenausbildung auch zwischen den Rennen zugute, beim Klettern in den Mast einer Segelyacht ebenso wie bei der Ermittlung des richtigen Sonnenschutzfaktors im Sheraton von Buenos Aires.

Professor Pool:
Alain Prost und das Prinzip Wasserkühlung.

Wet Race: Auf den flüchtigen Blick scheint sich hinter dem Wasserfall Ayrton Senna zu verbergen, in Wirklichkeit ist es aber Michele Alboreto.

Synchron-Schwimmen: Zu zweit macht es auch im und am Pool mehr Spaß. Im Uhrzeigersinn: Keke und Sina Rosberg, Alessandro und Paula Nannini, Gerhard Berger und Stefan Johansson, Eddie Cheever mit Gattin Rita.

Ein sonniges Leben: Jacques Lafitte und Gerhard Bergers Frau Ana.

Männerfreundschaft, ein großes Wort. Kann derjenige, den ich auf der Rennstrecke besiegen muss, mein Freund sein? Kann er. Muss er aber nicht. Die menschliche Komponente des Rennsports ist zum Glück von keinem Großrechner vorhersehbar. Am Ende hängt alles vom Menschen ab.

Mal Freund | Mal Feind

Guck mal, wer da spricht: Dialog zwischen Jacky Ickx und Clay Regazzoni. Der eine hat den anderen fest im Blick.

Asphalt-Cowboys unter sich: Chris Amon, Piers Courage und Jochen Rindt. Paul Newman würde auch in diese Runde passen.

Die Drei ohne Tankstelle: Jack Brabham, Bruce McLaren, Dan Gurney.

Wer lässt sich schon gern etwas sagen: Dennis Hulme und Jack Brabham.

Was wären Rennfahrer ohne ein großes Ego? Halb so gut, vermutlich. Halb so faszinierend, ganz sicher. Jede Piloten-Generation hat ihre großen Rivalitäten, aber auch große Harmonien. Selbst unter erfahrenen Teamchefs ist umstritten, welche Situation die vielversprechendere ist.

Alles Erfahrungssache: Nigel Mansell und sein neuer Teamkollege Elio de Angelis.

Andächtig: Gerhard Berger stillt seinen Wissenshunger beim Kollegen Ayrton Senna.

Nichts hören, nichts sehen, nichts sagen: Alain Prost und Ayrton Senna machen sich, solange sie in einem Team fahren, das Leben zur Hölle. Aber sie treiben sich auch zu Höchstleistungen. Bei McLaren erlebt die Rivalität einen Höhepunkt. Beide werden sie dort Weltmeister.

Charakterköpfe: Jackie Stewart und Jochen Rindt.

Die schönsten Rennstrecken, was für eine schöne Idee. Aber wer ist die Schönste der Schönen? Leicht fällt die Entscheidung nicht, man will ja nicht ungerecht werden. Und was ist das richtige Kriterium? Am Ende siegt das eigene Gefühl. Fünf Formel 1-Pisten haben es Ferdi Kräling so richtig angetan.

Zur Strecke gebracht

Erster Platz, unbestritten – natürlich dort, wo alles anfing. Nürburgring, Nordschleife. Ein Wallfahrtsort in der Rennwelt. Es ist für Ferdi Kräling immer noch die größte Herausforderung, dort zu arbeiten, auch wenn die Formel 1 die ursprüngliche Piste links liegen lassen muss. Hinter jeder Kurve warten eine neue Szene, neue Motive. Nur das Warten ist manchmal endlos lang: Wann kommen sie denn endlich? Dann ist das Feld zu hören, schließlich zu sehen – und endlich zu spüren. Eifelzauber. Dann sind sie da, und schon wieder weg. Wer hier richtig fotografieren will, muss vorher den Punkt bestimmen. Kesselchen, Brünnchen, Schwalbenschwanz: Es ist die wildeste Art, Rennen zu fahren – und zu fotografieren. Alle Wetter!

Platz zwei. Monte Carlo, die Krone. Wo der Begriff »Ausschnitt« eine nicht nur fotografische Dimension besitzt. Wenn Fotografen die Nähe zum rasenden Objekt der Begierde suchen, dann sind sie hier noch näher dran als nah. »Du musst immer die Augen aufhalten«, sinniert Ferdi Kräling, und für ihn trennt sich ausgerechnet auf der Piste mit der langsamsten aller Schnittgeschwindigkeiten die Spreu vom Weizen – bei den Fahrern wie den Fotografen. Den Hintergrund mit einzubeziehen, der als einmalige Kulisse besondere Bildmomente schafft, das ist der Glamour, den die Lichtbildner in Monaco suchen. Aktiv mitzugestalten, und nicht nur die – zugegeben hier besonders faszinierende – Action zu erfassen. Dieses Tempo, dieses Spiel der Gegensätze mitzuhalten, gibt es nur in Monte Carlo.

Dritter Platz. Interlagos, das wäre – ohne den Moloch São Paulo drumherum – überhaupt einer der schönsten Plätze. So aber bezieht das Autodromo seine zusätzliche Faszination daraus, dass man aus der Zwanzig-Millionenstadt heraus nach Interlagos gefunden hat, am stinkenden Fluss »Rio Tiete« vorbei – und plötzlich eine wirklich schöne Rennstreckenwelt vor sich hat. Die Strecke selbst ist ein unheimlich faszinierendes Erlebnis, mit ihrer wilden Kurvenfolge, ohne dass ein Zaun dazwischen ist. Hier ist der Himmel blauer, das Grün grüner, der Regen wärmer, und die Grid-Girls sind heißer.

Platz vier. Montjuich, ein Berg, der heute nur noch Olympiastadien und Miro beherbergt, aber nicht mehr an die atemberaubenden Gastspiele der Formel 1 in Barcelona erinnert. Gänsehautfaktoren gab es reichlich, und es ging auch nicht immer gut aus. Aber die Kurven, die Palmen – es war ähnlich wie ihn Monaco, nur dass man den Hafen bloß von oben gesehen hat. Aber dafür hatte die Strecke mehr natürliche Schönheiten zu bieten, eine echte Kulisse.

Fünfter Rang. Spa-Francorchamps, das darf in keiner Rangliste fehlen, die der Nürburgring anführt. Gibt es doch bei allen Eigenheiten auch viel Ähnlichkeit. Aber Eau Rouge und La Source, das führt zu seinem einmaligen Zusammenspiel von rauer Landschaft und unglaublichem Tempo. Es ist eine Piste, die in der Natur der Formel 1 liegt. Und wer das nicht spürt, der hat hier nie fotografiert.

Der Blick auf Monaco: Immer ein Genuss – nur hier sorgt die Nähe zu den Autos für den absoluten Kick.

Unvergleichlich: Jim Clark kommt 1967 als Erster aus Hocheichen über die Quiddelbacher Höhe in die Anfahrt zum Flugplatz. Heranfliegen – das ist das richtige Wort.

Herausforderung, nichts als Herausforderung. Die Nordschleife des Nürburgrings ist der Inbegriff der Faszination Formel 1– für Fahrer wie für Fotografen. Sie erleben den Beweis, dass sich Naturschauspiel und Motorsport nicht ausschließen müssen.

Nordschleife | Ring-Kampf

Landschaftsmalerei bei Kilometer 17, Bereich Pflanzgarten: John Surtees im Cooper-Maserati V 12 3000 von 1966.

Das Karussell ist eine Schlüsselstelle im Ring-Kampf, Niki Lauda bewältigt die Schräglage 1973 im BRM. Aber selbst die tückischsten Kurven sind nur ein Teil der Faszination der Berg- und Talbahn. Rechts außen die Anfahrt zum Karussell.

Nur fliegen ist (fast) schöner: Jackie Stewart mit seinem Matra MS80-Ford V8 beim GP Deutschland 1969.

Eifelwetter, das ist keine meteorologische Bezeichnung, das ist ein Zustand. Wer im Frühsommer über Regen und Nebel klagt, sollte froh sein, dass es nicht schneit. Der Kampf mit der Witterung verleiht der Herausforderung Nordschleife häufig einen zusätzlichen Schwierigkeitsgrad.

Es klärt sich auf zum Wolkenbruch: Jackie Stewart bewegt den Matra-Ford mit einer Selbstverständlichkeit, als ob das Starterfeld im Trockenen läge.

Dieses Rennen zu dokumentieren, ist eine der größten Herausforderungen mit der Kamera. Nichts geht automatisch, weder Blende, noch Zeit, noch Entfernung. Die Wagen tauchten aus dem Nichts auf, und die Entfernung muss vorher bestimmt sein.

Von Sichtverhältnissen kann keine Rede sein, »außer Gischt ist sonst nüscht«. Umso beachtlicher, dass die Formel 1-Piloten dennoch versuchen, ein richtiges Rennen zu fahren. Die Frage ist nur, wie viele Zuschauer etwas davon gesehen haben. Jackie Stewart gewinnt den Großen Regen-Preis von Deutschland vor Graham Hill. Am Saisonende 1968 ist die Reihenfolge in der Weltmeisterschaft genau umgekehrt.

Monte Carlo | Die Schöne, das Biest

Einsteigen zur Großen Hafenrundfahrt: Der Große Preis von Monaco bietet die mondänsten Motive im WM-Kalender. Ein Rennen, das mit den anziehenden Gegensätzlichkeiten der Formel 1 spielt. Perfekt illustriert schon 1968 durch Graham Hill.

Zeiten und Rennwagen mögen sich ändern, Kurven tun es seltener: In Monte Carlo ist die Mirabeau in Schwarz-Weiß mit Piers Courage 1969 genauso tückisch wie in Farbe 2008 mit Felipe Massa. Hinter den Piloten liegt die Tip Top Bar.

MONACO
TE·CARLO
S·B·M

Ganz prominent kommen die Rennwagen in Monte Carlo zur Geltung, wenn man zwischen Menschenmassen und Hafenbecken die richtige Perspektive findet. Es mag das langsamste Rennen der Saison sein, aber gemessen an den Umständen ist es immer noch verdammt schnell.

Fischermans Friend: Jean Pierre Beltoise im Matra MS11 V12 beim GP 1968 in der Tabac-Kurve zwischen Landgang und Bootspartie.

Mit einem Wisch ist alles weg: Der Renault R27 mit Giancarlo Fisichella an gleicher Stelle.

Wenn die Formel 1 ein Quartett aus Sport, Technologie, Business und Show ist, dann stechen in Monte Carlo die Karten Business und Show**.** Ein Glamourfaktor, der in jedem Bild deutlich wird – ohne den Sport zu vernachlässigen. Es kommt eben auf die richtige Technik an.

Den richtigen Rhythmus beim Tanz auf Gas- und Bremspedal zu finden, gehört zu den Geheimnissen der rasenden Sightseeing-Tour durch Monte Carlo. Von den Zuckerbäckerfassaden kriegen die Fahrer nichts mit. Für sie ist es ein Leitplankenkanal.

Himmelfahrt: Mit viel Verve geht es die Beau Rivage hinauf zum Casino.

Kaffeestunde: Im Café de Paris bekommt der Cappuccino einen Ölfilm, so nah sind die Rennwagen den Mittagsgästen.

Auch Rennwagen-Rücken können entzücken: Achten Sie auf die Fußgänger im Straßenverkehr!

AUTRES DIRECTIONS
Direction du Tourisme
avenue
de la
Madone
SANTA
LUCIA
Marlboro

FERODO FERODO
BP
elf

Blickkontakt ist das Wichtigste im Stadtverkehr von Monte Carlo. Die Fahrer müssen das versuchen, was die Zaungäste viel besser können: um die Ecke gucken. Jeder Fan kann den Reichen und Schönen ihr Privileg streitig machen – die Welt von oben zu betrachten.

Da hieß die Loews noch Bahnhofskurve: Jean-Pierre Beltoise 1970 vor Jacky Ickx und Dennis Hulme.

An die Palme gebracht: Fahrerparade mit Bob Anderson (15), Bruce McLaren (2), Jochen Rindt (10).

17

150
CASINO

Am Ende des Tunnels ist Licht: 1967 wirkt die Ausfahrt beinahe so, als ob der Formel 1-Pilot Pedro Rodriguez im Cooper Maserati 1967 nur mal eben zum Strand fahren will – das sieht für Robert Kubica im BMW-Sauber 2008 (unten) schon ganz anders aus.

Licht und Schatten sind täglich Brot für Fotografen. Doch im Tunnel unter dem Hotel ist alles ganz anders, der infernalische Krach im schwarzen Loch sorgt selbst bei den Routiniers für einen Gänsehautfaktor. Die Schattenmänner sind Alan Jones 1977, Ayrton Senna 1990 und Alain Prost 1988.

Glitzerwelt: Das Spiel mit Nähe und Ferne, ergänzt um die Elemente Wasser und Stein, bringt edle Motive hervor.

Jede Stelle in Monte Carlo hat etwas, man muss nur die richtige finden. Das gilt gleichermaßen für Fans, Fahrer und Fotografen. Unvergleichlich ist das Erlebnis Monte Carlo immer, für manchen auch unvergesslich. Keinem kann es schwerfallen, sich verzaubern zu lassen.

Im Vorbeifahren erledigt: Formel 1-Autos buhlen im Wettstreit mit Luxusyachten und Edelboutiquen um die Zuschauergunst. Mehr Action als beim Startchaos in Ste Devote geht nicht.

Rothmans
Rothmans
Rothmans
27

Interlagos | Seh-Fahrt

Die Stadt ist ein Moloch. Aber die Strecke ist ein Gedicht. Eine Vielfalt von Perspektiven wie auf der Berg- und Talbahn von Interlagos bieten sich in der modernen Formel 1 selten. Landschaftsmalerei in einer Millionenmetropole.

Wolkenkratzer nähern sich nicht nur dem Himmel. Der Vergleich zwischen 1974 und heute zeigt, wie die Piste von Interlagos umzingelt wird.

Stimmung – das muss in Brasilien nicht nur Samba sein. Die Paulista lieben die Formel 1, und sie lieben sie auch, wenn mal kein Einheimischer mit im Rennen ist. Was, zugegeben, selten vorkommt. Das Tempo der Millionenstadt überträgt sich auf die Rennstrecke.

Kein Zaun stört den Rundblick in Interlagos. Vom Start in der Senke über die Bergaufpassagen bis zum Kurvengeschlängel – was die Fahrer »Schikanen« nennen, ist für den Fotografen ein Genuss.

Hoch über Barcelona nimmt die Formel 1-Begeisterung im Motorradland Spanien Gestalt an. Es ist das Spektakel, ein Rennen zwischen Häusern und Palmen zu fahren. Es ist unglaublich gefährlich. Aber es ist reizvoller als die Olympischen Spiele, die später auf dem Gelände stattfinden.

Montjuich | Schicksals-Berg

Monte Carlo, nur auf Spanisch: Der Stadtkurs von Barcelona sorgt für starke Szenen: Mario Andretti 1971 im Ferrari 312B-V12 vor Pedro Rodriguez (links), Ronnie Peterson vor Dennis Hulme und François Cevert beim Start, Jacky Ickx im Ferrari 312B3 F12, Clay Regazzoni im BRM P160-V12 – alle beim Rennen 1973.

Spa-Francorchamps | Achter-Bahn

Ein bisschen Spa muss sein ... Wenn überhaupt eine Naturstrecke an den Nürburgring heranreicht, dann ist es die von Spa-Francorchamps. Sie ist kompakter und deshalb an vielen Stellen auch brutaler. In vielen Kurven trennen sich die Buben von den Männern.

Die Topografie gibt die Begeisterung vor: Wer in Spa bestehen will, der braucht Mut. Eau Rouge (rechts) gilt als die dramatischste Kurve im ganzen Formel 1-Kalender. Männer sind gefragt, nicht Memmen.

Fotografen hinter Gittern | Perspektive eingeschränkt

Das sind die Schattenseiten des Fotografentums in der Formel 1: Das Spiel mit dem Tempo, dem Licht und dem Asphalt schafft heute nur noch, wer durch den Sehschlitz guckt.

elf

Und die hinterm Dunkeln, die sieht man nicht: Mit offenem Visier zu kämpfen, ist passé. »Als Erstes«, resümiert Ferdi Kräling über die Einschränkungen für Fotografen, »hat man uns die Gesichter genommen«.

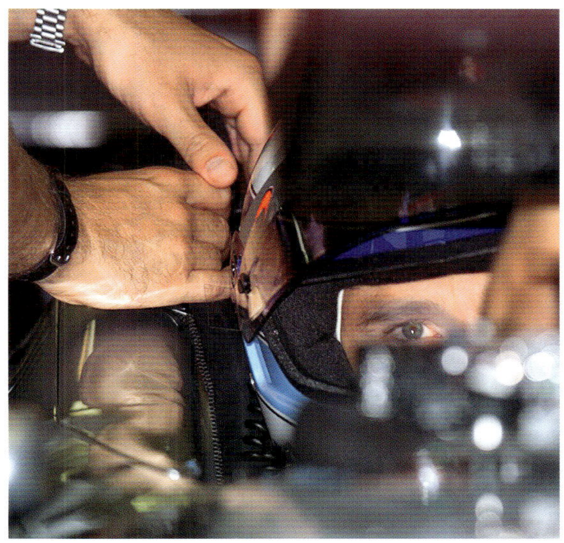

Rumms! Rollladen runter, Stellwände vorgeschoben. Die Formel 1 macht aus allem ein Geheimnis. Tarnen, täuschen und verdunkeln gehört zum Geschäftsprinzip. Interessanter wird der Sport dadurch nicht: Wie sollen Emotionen transportiert werden, wo es nichts mehr zu sehen gibt?

AMZ86XT

Marlboro
MAGNETI MARELLI
FedEx

Galerie

Die schönsten Autos
Licht und Schatten
Geschwindigkeit
Sonne und Regen
Action
Boxenstopps

Licht und Schatten, damit sind zwei wichtige Zutaten vorhanden, um Bilder machen zu können, wie sie Ferdi Kräling millionenfach gemacht hat. Es braucht dann nur noch einen wie ihn, der das Spiel mit den Elementen in die richtige Richtung dirigiert.

Ein Spiel, hinter dem in Wirklichkeit großer fotografischer Ernst steckt. Wenn Ferdi Kräling auf die Frage, was noch zu einem Formel 1-Bild zählt, »schöne Autos« antwortet, dann ist auch das nur der profane Teil der künstlerischen Wahrheit. Auf die Inszenierung kommt es an, damit Farbe, Form und Geschwindigkeit der Boliden wie gedacht zur Geltung gebracht werden. Es ist jener Part des Tagesgeschäfts, der Ferdi Kräling immer am meisten Spaß gemacht hat – die Entscheidung, welches Tempo die Bilder bekommen, liegt nicht bei den Rennwagen, sondern beim Fotografen. Manchmal ist es ein ganz bewusstes Weniger, das den Mehr-Wert des Bildes ausmachen kann.

Die Menschen und die Gesichter, keine Frage, besitzen die höchste Ausdruckskraft in der Formel 1. Aber in diesem Teil wird deutlich, dass Faszination und Leidenschaft durchaus auch von den Rennwagen mitgeprägt werden. Seite an Seite, noch besser: querstehend, sind sie die rasante Grundlage für ein schnelles Fotografen-Glück.

Erst die richtige Mischung, der Blick fürs entscheidende Detail und das Hinauszögern bis zum optimalen Moment des Auslösens führt zu jenen Bildern, die in der abschließenden Galerie dieses Buches die Höhepunkte des fotografischen Schaffens von Ferdi Kräling noch einmal besonders ausdrucksvoll aneinanderreihen. Es ist auch jener Teil des Buches, der die meiste Zeit bei der Auswahl beansprucht hat.

Der emotionale Speichereffekt, den viele der Szenen besitzen, die hier im Anschluss gezeigt werden, ist auch bei Ferdi Kräling selbst so hoch, dass er kaum ein Bild dieser erneut subjektiven Auswahl von Höhepunkten aussortierten konnte, ohne es nicht noch mindestens ein zweites Mal in die Hand genommen zu haben. Schließlich soll jede Aufnahme dabei helfen, seine ganz persönliche Formel 1-Geschichte zu schreiben – und zu illustrieren.

Mit den Bildern kommen die Erinnerungen: an dramatische Szenen im Tunnel von Monte Carlo, an Regenschlachten in der Eifel, an die brennende Hitze in Jerez. Und immer wieder ist es das Zusammenspiel von Formen, Farben, Stimmungen, das Ferdi Kräling auch an seinem Diatisch im heimischen Sauerland aufs Neue an den vielen Rennwagengenerationen fasziniert – und ihm die Sicherheit gibt, dass es auch andere Betrachter in den Bann ziehen muss. So wird die Galerie schließlich vollständig. Es ist ein seltener Moment des Innehaltens beim Fotografen, aber ein besonders schöner: Ferdi Kräling lässt einfach die Bilder rasen.

First class: Das erste Formel 1-Bild von Ferdi Kräling, aufgenommen am Nürburgring 1965 mit einer Rolleiflex von einem Zuschauerplatz in der Südkehre. Gut getroffen in der Bildmitte ist Jim Clark.

Eagle AAR103-
Weslake V12
1967

Lotus 72-Ford V8
1973

TEXACO
John Player
Special
2

Fittipaldi FD04-Ford V8 (Nr. 30) Ligier JS5-Matra V12
1976

Brabham BT45-Alfa Romeo F12
1976

Wolf WR1/WR3 Ford V8
1977

Ferrari 312T2 F12
1977

Aus allen Blickwinkeln entfaltet sich auf diesen Galerieseiten die ganze Schönheit aller möglichen Rennwagengenerationen. Der Zauber der Formel 1-Autos kommt auch ganz ohne PS-Angaben aus. Aber Typenkürzel müssen sein.

Brabham BT52 B-BMW S4tc
1983

Renault RS01 V6tc
1977

Lotus 79-Ford V8
1979

Tyrrell 019-Ford V8
1990

BMW-Sauber F1.06
2006

McLaren MP4-23
2008

Light and day, you are the one: Licht und Schatten bestimmen die Aussagekraft eines guten Formel 1-Bildes. Mal ist es das Gegenlicht, der eine Lichtpunkt auf dem Reifen oder die untergehende Sonne.

GAULOISES
ALESI
TOTAL
BiC
tion

Husch, husch: Geschwindigkeit ist das A und O der Formel 1. Mit diesem Tempo Schritt zu halten und es zu dokumentieren, ist immer höchstes Gebot. Räder, die sich nicht drehen, wären fast noch schlimmer als ein Porträt mit dem Weitwinkel zu machen.

Gewusst wie: Geschwindigkeit lässt sich durch die Verschlusszeit der Kamera erheblich beeinflussen.
Von der normalen Dokumentation im oberen Bild über ein ausgesprochen schnelles Foto bis zur Kunst auf der rechten Seite.

Wohlige Schauer: Regenbilder sind eine besondere Herausforderung für den Fotografen. Nicht allein, dass die Rennen oft sehr viel spannender sind – Lichtreflexe, schwarzer Himmel und Gischt sorgen für eine unvergleichliche Atmosphäre.

Wie ein Schleier legt sich der Regen über die Perspektiven, die Naturgewalten sorgen für einen Spezialeffekt. Was für die Piloten zum gefährlichen Unterfangen wird, zählt zu den reizvollsten Motiven für Fotografen. Völlig durchnässt sind sie am Ende alle.

GUCCI
30

Situationen, in denen Fotografen immer stören, sind die Boxenstopps. Heute sind sie ein wichtiger Teil der Rennstrategie, Bruchteile von Sekunden entscheiden über Sieg und Niederlage. Früher hatte der, der überhaupt an die Boxen kam, das Rennen praktisch schon verloren.

MILD SEVEN
RENAULT
elf
MILD SEVEN
HANJIN

Start und Stopp: Wenn das Rennen losgeht, muss der Fokus in der Kamera mit dem im Kopf übereinstimmen – sonst sind Duelle wie zwischen Mansell und Senna nicht einzufangen. Gleiches gilt für die Boxenstopps – der brennende Benetton von Jos Verstappen in Hockenheim gilt als eines der Jahrhundertbilder.

BENETTON

Bilder, die der glühenden Verehrung bedürfen: Derek Warwick platzt 1986 in voller Fahrt der linke Hinterreifen, der Verbremser Francois Migaults im BRM 1974 lässt den Rauch im Gegenlicht aufsteigen. Der Lichtbildner ist in seinem Element.

37
MOTUL

Action, bitte: Überholmanöver, Zweikämpfe und spektakuläre Motorenplatzer illustrieren die Faszination Formel 1 auf den ersten Blick. Für den Fotografen kommt es darauf an, zur richtigen Zeit am richtigen Ort zu stehen. Das ist Bauchgefühl – und Erfahrung.

elf
FLY saudia

John Player Special
PIRELLI
11

benetton
PIRELLI
Benetton Formula
BERGER
BMW MPower
20
benetton

Geld ist der wahre Treibstoff der Formel 1: Sponsoren und Geldgeber kommen und werden eines Tages wieder gehen. Was bleibt, sind die Räder der Formel 1. Sie werden sich immer drehen. Hoffentlich.

RBS
10
TATA
ORIS
REUTERS

Bibliografische Information der Deutschen Nationalbibliothek
Die Deutsche Nationalbibliothek verzeichnet diese Publikation in der Deutschen Nationalbibliografie; detaillierte bibliografische Daten sind im Internet über http://dnb.d-nb.de abrufbar.

1. Auflage
ISBN 978-3-7688-2509-2

Idee, Konzeption und Fotos: Ferdi Kräling
Weitere Fotos: Bodo Kräling, Georg Hennecke
Andreas Beil, Peter Nygaard, Wolfgang Wilhelm
Mc Klein, Arthur Till, Jad Sherif, Jutta Fausel, Norio Koike
Text: Elmar Brümmer
Art Direction: Jörg Weusthoff
Layout- und Schutzumschlaggestaltung:
Weusthoff Noël, Hamburg
Lithografie: scanlitho.teams, Bielefeld
Druck: Kunst- und Werbedruck, Bad Oeynhausen
Printed in Germany 2008

Delius Klasing Verlag
Siekerwall 21, D-33602 Bielefeld
Tel.: +49 (0) 521/ 559-0
Fax: +49 (0) 521/ 559-115
E-Mail: info@delius-klasing.de
www.delius.klasing.de